空間と統治の社会学

住宅・郊外・ステイホーム

佐幸信介

青弓社

空間と統治の社会学——住宅・郊外・ステイホーム

目次

装丁――神田昇和

序章　「空間の不自由」を問うということ

一九九〇年代後半以降、空間の生産のモードが変容してきた。本書は、この変容を住宅や都市との関係から検討するものである。九〇年代以降、私たちの住宅や都市はさまざまなことを経験してきた。とりわけ九一年からのバブル経済の崩壊と二〇〇八年のリーマンショックは、失われた十年とか二十年と呼ばれる社会の停滞を引き起こした経済的な危機だったが、この二つの象徴的な出来事は、いずれもその原因に住宅や都市が密接に関わっていた。

バブル経済の崩壊は、端的に土地や不動産のキャピタルゲインをもくろんだ投機の破綻であり、リーマンショックはサブプライムローンという主に住宅ローンの証券化市場の底が抜けてしまう事態が、さらにグローバルに波及した出来事だった。しかし、この二つの危機は、住宅や都市に起因するとはいえ、空間それ自体の危機をもたらすどころか、むしろ新たな都市空間や建築空間を滞ることなく生み出してきた。バブル経済以上に都市の開発・再開発が進み、新しいタイプの住宅や集合住宅を登場させてきた。

空間の生産のモードの変容というとき、端的に、バブル経済崩壊後の都市や住宅の開発のことを指している。都市開発に金融資本が直接関与することで、建築的に作られた空間が、経済的な資本の循環と融合していく。もちろん、何らかの建物を建築するには資本を必要とするが、その資金調達の仕組みが間接金融から不動産の証券化市場を通した直接金融の仕組みへと移行していく。土地や不動産をめぐってキャピタルゲインからインカムゲインへという言い方がしばしばなされるが、空間が重要になるのは、いわばレント資本主義を活性化するからだ。つまり、利潤をもたらすと考えられる開発や建築が投資の対象になる。この利潤は、人や情報、消費など、さまざまなフローと連動する。活発なフローを可能にする空間は、資本生産性を高めることになる。活気ある空間は、ある意味で都市と街の景観や表情を変えていくが、商業施設にせよマンション建設にせよ、開発規模が大きくなればなるほど、金融市場と一体になった仕組みはすでに一般化している。

例えば、主要なターミナル駅とその周辺の再開発が本格化したのは二〇〇〇年代に入ってからだった。東京駅・丸の内、渋谷、品川、秋葉原などの東京首都圏にとどまらず、大阪・梅田、名古屋駅なども例外ではない。それらの建築群は、もはや単なる駅でも駅ビルでもなく、移動と消費やレジャーとが複合した一種のモール的な空間構成になっている。郊外の国道や幹線道路に点在するモールが自動車を通した人々のフローの結節点になっていることと同様に、駅とその周辺も鉄道と人の歩行を介した、建築的なモール化が進行していると見なすことができるのである。

同様に象徴的なのは、大型の物流倉庫も直接金融による建設が進行していることである。モノが流通すればするほど、資本もまた相関して循環する。モノ、情報、交通からなる物流のフローが、資本のフロー／循環と重なり合う。実際に、アマゾンや楽天をはじめとした消費者向け電子商取引（B to C-EC）市場の規模は、二〇一九年度はおよそ十九兆四千億円となっていて、それまでの十年間で三倍近く市場が拡大している。[1] すでに、こうした物流を担う宅配業の限界と過重労働についてはよく知られているが、それは、膨大な物流量にとどまらず、荷物につけられた電子タグの位置情報化が、配達する労働者の身体と連動しているからである。物流に伴う遅配や誤配などのリスクを低減させ、配達を時間内に効率的に成功することがあらかじめ約束されている。物流のフローは、決して滞らないシステムとして、資本生産性を条件づけているのである。

他方で、このように生産される空間は、私たちに新たな経験の形式を要請するようになる。この経験の新しさとは、建築的な空間に対する人間という二項対立や、住むための住宅、働くためのオフィスなどの機能的な対応関係を超えていってしまうようなものである。

住宅やオフィスという空間が成立するためには、電気や水道、ガスなどのインフラと空間が物理的に接続されていなければならない。一九九〇年代の後半以降、さらに加わったのは情報インフラであり、モバイル型の通信ネットワークである。都市や街の風景を眺めると、電柱や鉄塔、電線が張り巡らされていることがわかる。それらは道路に沿って敷設されている。さらに気づくのは、携帯電話用のアンテナがビルの屋上に林立している様子である。地中に敷設された上下水道やガス管、地上の有線のケーブル、それらに加わった無線のアンテナのネットワークが無数の住宅やオフィスと接続されているさまは、明らかに都市空間の見えない構造を変えてきた。

情報環境やメディア環境の変化を、私たちはコミュニケーションや、パソコン、スマートフォンなどのデバイスとのインターフェースの場面で実感的に経験してきている。住宅を一つの単位として接続され布置されていた電話（イエデン）や、テレビに代表されるマスメディア型のネットワークが戦後のスタイルだとすれば、現在の情報環境はそれとは異なったレイヤーで形成されている。スマートフォンをはじめ家電や自動車などあらゆるものが、コミュニケーションデバイスとしてネットワーク接続している。固定されているのか、移動するものなのか、人間が身体に身に着けているものなのか、人間が操作するものなのか、目に見えるものなのか、見えないものなのか、距離が近いのか、遠いのかといったさまざまな二項対立の複層的な組み合わせが住空間やオフィスの空間、あるいはその周辺の街区やコミュニティ空間を構成している。

また、ゲーティッド・コミュニティ型のセキュリティを重視した住宅や集合住宅が登場してきたのも、二〇〇〇年代以降の出来事だった。それは単なる住まい方の変容以上の事柄である。これらの新たな住空間は、監視社会とリスク社会との結び付きから生み出されたものである。この空間の環境下で、私たちにとっての住む経験は、監視テクノロジーを用いながらリスクヘッジする行為をインボルブする。しかもそれは、空間の利便性や快適性と安全性とが一体となった商品的な価値へと向かう。しかし、住宅の内側ではなく外側に対する過剰な関心と境界強化は、住むことをより難しいものにしている。

空間の生産のモードの変容は、一九九六年に東京で開催される予定だった世界都市博覧会と、二〇二〇年（二〇二一年）の東京オリンピックとの時間軸からも捉えることができる。都市博覧会の中止は、バブル経済崩壊後の財政的・資金的な問題に多くをよっているが、開催予定地だった東京の臨海エリアが、二十五年後の東京オリンピックの主要会場の一つともなっているからである。都市博覧会をてこにして企図していた都市開発と世界都市構想が頓挫したあと、いわば塩漬けになった臨海エリアは、オリンピックをてこにした都市開発とグローバルシティ構想へと、仮面を変えて再登場してきたからである。さらに付言するならば、お台場や晴海、有明などの臨海地域は、歴史的にみれば百年以上前から懸案になっていた開発エリアでもあった。一九四〇年に開催予定だった幻の東京オリンピックとともに開催を予定していた紀元二千六百年記念日本万国博覧会の主要会場もまた、この臨海エリアだったからだ。

オリンピックは政治的・経済的なメディアイベントである。それは、オリンピックが国際的な政治的関係に左右されることを意味するだけではない。確かに、政治に翻弄されるオリンピックは近現代史のなかに刻まれている。だが、それと同等かそれ以上に、オリンピックを介して都市空間の開発・再開発とジェントリフィケーションという巨大な空間的な権力が作用するからである。一九八四年のロサンゼルスオリンピック以降、オリンピックが商業化したことはすでに常識化しているが、むしろ事態はもっと進行している。オリンピックそのものが、あるいはスポーツそのものがグローバルな資本の産物になっているからだ。オリンピックを考えることは、九〇年代後半以降の東京を中心とした都市開発の問題を考えることでもある。

住宅に着目すると、戦後の住宅政策を形作ってきた「住宅五五年体制」の終わりが始まるのも、一九九〇年代だった。住宅五五年体制とは、五〇年の住宅金融公庫、五一年の公営住宅法、五五年の日本住宅公団の設立の三つからなる、持ち家政策を軸にした住宅政策や住宅市場のことを指している。九〇年代半ばから二〇〇〇年代の初めにかけて、立て続けに住宅金融公庫や住宅公団（住宅・都市整備公団、都市再生機構へと改編）が縮小—解体—再編されていく。こうした戦後体制の終わりの始まりは、住宅の公共的な性質を低減させ、商品としての性格を強くしていくことを意味している。

戦後の住宅体制のもとでは、住宅は経済的な景気政策の要にもなってきた。賃貸、公営、公団、持ち家といった住宅の所有関係からなる住宅階層と住宅市場を構造化し、この構造を税制や土地開発など政策的に操作することで、派生的に景気を刺激させようとするものだった。このシステムのなかで、自らの住宅を取得することに向かって、ハウジング・チェーン（住み替え）をおこなうライフスタイルがプロトタイプの一つになってきたのである。

いうまでもなく、住宅五五年体制は、戦後の雇用慣行である終身雇用・年功序列型の雇用とパラレルな関係にあった。バブル経済が崩壊したあとに経済界を中心に盛んに強調されていた「日本型雇用慣行の見直し」という言説は、一九九〇年代後半の派遣労働者の雇用をめぐる大幅な規制緩和として政策的にたがが外されていった。戦後の住宅市場（持ち家も賃貸も含めた）が担保していた、住宅と労働との関係が崩れるとき、住宅階層は経済的階層と一体になっていく。住宅と労働が、新自由主義的な経済システムのなかで直接的な影響下に入っていくことになったのである。

本書は、一九九〇年代の後半以降に経験した戦後の社会的な体制が構造的に変容するモメントをり出され、そこで継続的に変容しながら空間が存在しつづけることについて説明しきれない。そこ味で言説として産出される。しかし、その言説の次元では、空間が建造物や街区として現実的に作係を取り結んでいく。

前述したような戦後の政策や制度は、言説として表象されたものである。空間の表象は、その意よって街の相貌や表情が変化するように、空間は都市を分節化し、新たな政治や文化、経済的な関で示される。空間は事後的に可視的に捉えられるものだけではない。都市を開発するという行為にのである。こうした空間の生産は、「空間の表象──表象の空間──空間的実践」の三項の組み合わせについても指摘するが、それは非反省的な日常的実践性との相互関係のなかで生み出されてくるもと同時に、非物理的な質感を有している。ルフェーブルは、空間のリズムとか sens（意味、感覚）常的実践性の経験が可能になる領域として空間の重要性を強調する。(3) 空間は物理的なものであるのまで可知性や可視性の領域に独占されていたことを批判し、非反省的で非言語的な意味作用や、日

詳細は本論に譲るが、例えばルフェーブルは空間を批判的に検討することの意義について、これってきた。

交叉する思考のフレームは、しばしば「空間論的転回」と呼ばれ、九〇年代以降の言説の一つになル・カステルの議論をクロスさせる作業でもある。こうした、地理学と社会学やメディア研究とが年代に著された『空間の生産』(2) を参照点にしながら、さらにデヴィッド・ハーヴェイやマニュエ知られているアンリ・ルフェーブルの概念である。九〇年代以降の空間の経験を問う作業は、七〇「空間」という視角から捉えることを意図している。これまで述べてきた「空間の生産」は、よく

には資本が介在し、何らかのアクティビティが内包されている必要がある。例えば、インフラとして、あるいは人やモノ、情報のフローが都市や街の相貌を形成していくように。他方で、私たちの非反省的な行為である日常的実践レベルで、この空間的実践との相互関係やネゴシエーションの関係を織り込みながら、生きられた意味的世界を構成している。この表象の空間は、空間の表象によって規定されると同時に、しかし一方的に規定され尽くされるものではない。それは、例えば住宅の生産システムは斉一的であっても、その住宅に住む家族はその数だけ多様で、住空間が何らかの人称性をまとうようにである。

一九九〇年代以降の「住宅」について問うことの方法論的意図も、こうした空間をめぐる相互関係にある。住宅は、家族の入れ物であると同時に、家族関係やライフスタイルを表象する。そして、財や資産であり、消費のための主体であり、モラルエコノミーによって営まれる家庭である。物理的空間であると同時に、家族も含めた社会関係や食べる、寝る、性交する、介護する、ゲームするといった行為が集束している空間である。だからこそ、住宅は人口的な統治や経済的な統治を可能にしてきたのである。

また、本書では空間を通した統治を主題の一つとしているが、とりわけ「スマートシティ」や新型コロナウイルスのパンデミックのなかで、私たちの身体と生／死に関与する権力の問題を、ミシェル・フーコーの生権力／生政治の議論を補助線にして経験的に考えることを企図している。フーコーは、くしくもペストの隔離と天然痘のワクチン（種痘）とを対比して、感染症の流行の際に作用する権力を「規律型権力」と「生政治」として類型化している。十八世紀以降、統治のテクノロジーとして登場してきた生政治としての人口政策は、人々を統計的な集合性のうちに捕捉し、より快適で安寧な生活を促すようにポジティブに作用する。そして権力は、人工的な都市やインフラなどの「環境」を統治の対象に見いだしていく。

だが、私たちが実際に経験してきているように、新型コロナウイルスに対する公衆衛生的な方策は、規律型権力と生政治がミックスされたものである。また、スマートシティはゲーティッド・コミュニティと同じように、規律型の電子的パノプティコンをネットワークとして構築しながら、そのネットワークにスマート住宅、スマート家電、スマートフォン、スマートカーなどを接続し、地球環境にも人にも優しいテクノロジーの空間として、つまり、人々にスマートな生活が可能になるような「環境」を提供することを構想している。スマートシティの開発は、シスコシステムズやマイクロソフトといったデジタル・グローバル企業が参入する市場を形成していて、行政やデベロッパー、不動産業者のコンプレックスによって建築されるものである。むしろフーコーの生権力は、こうした空間と身体との接続関係の奥行きへと援用しなおしていく課題を提供してくれている。

本書は、以上のような問題意識から、大きく三つのグループからなる六章で構成している。第1章「新自由主義と空間の暴力──金融資本と空間の接合」と第2章「都市空間の変容のなかのオリンピック──再開発のなかの建築と空間」は、都市空間の変容をグローバリゼーションとオリンピックの文脈から議論するものである。都市開発と金融資本の結び付きは、一九九〇年代の半ばから始まる金融の規制緩和と建築基準法の改定による建築の容積率の緩和とが政策的に誘導されたことで、建築の空間的ボリュームと金融市場のボリュームを相乗的に大きくすることを可能にした。

「空間の動産化」と呼びうる空間の生産のモードの変容は、二〇〇〇年代に入って大規模な都市開発を続出させてきた。

二〇二〇年（二〇二一年）の東京オリンピックをめぐる再開発は、前述したようにグローバリゼーションの文脈からも捉えることができるが、一九六四年の東京オリンピックとの関係からも考える必要がある。二〇二〇年東京オリンピックの会場は、神宮の杜を中心としたヘリテッジゾーンと、晴海や有明などのベイゾーンに大きく分けられる。新国立競技場の建設をめぐって生じたトラブルを考えるとき、神宮の杜のエリアは戦後の天皇制が転写された象徴的空間であることが浮かび上がる。他方で、臨海のベイゾーンのオリンピックの会場は、その周辺の再開発（大手町、虎ノ門、大井埠頭や高速道路など）のなかに布置される。とりわけ臨海エリアは、羽田空港や大井埠頭、そして高速道路などのロジスティックの空間として再開発されてきたからである。

第3章「囲われる空間のパラドックス」と第4章「スマートシティと生政治――パブリック―プライベートの産業から住むことの統治に向けて」は、ICTや監視テクノロジーなどを駆使したセキュリティ型住宅とスマートシティという新しい空間の登場に焦点を当てるものである。ここでいう監視とは、見張りやセンシング、スキャンだけでなく、空間を見守るといった意味内容をも含んでいる。[4]これは、監視テクノロジーに対する違和感が緩和して社会的に受容される状態を物語っているが、図式的にいうならば、他人たちには厳しく、私たちには優しいテクノロジーによって空間が作り出されていることを意味しているともいえる。こうした空間が住むことをより難しくしているのは、私たちとは一体誰のことを指すのかという問いに直面するからだ。住むためには何らかのコミュニティの相互性や共同性を必要とするとするならば、私たちと他人たちとは相互関係を取り結ぶことはできないのか、という問いをさらに顕在化させることになる。

そして、第5章「郊外空間の反転した世界――『空中庭園』と住空間の経験」と終章「新型コロナ禍と「ホーム」という場所――カフカ「巣穴」を読む」は、私たちの住む行為や日常的実践性の次元から、郊外の経験と新型コロナウイルスのパンデミックの状況下での経験について考えるものである。角田光代の『空中庭園』やフランツ・カフカの「巣穴」という文学表象を通して、空間の経験（表象の空間）を考えることを試みている。『空中庭園』は、住宅から性愛の空間を追い出す、反住宅としての住宅の物語として読むことができる。また、カフカの「巣穴」は、見えない敵から逃れるために地中を掘り続けることで作り出すすみかが同時に壊すことと一体になる、反建築としての建築の物語としても読むことができる。この一体化のなかでは、生だけでなく死さえも脅かされる空間へと反転していく。

これらの空間をめぐる六つの論考は、都市と住宅について、開発＝再開発、テクノロジー、経験や表象という視点からアプローチするものである。それぞれが、三つのグループに対応している。セキュリティ・タウンやスマートシティ、郊外、新型コロナウイルスのパンデミック、東京オリンピックなどの事例を取り上げるのは、一九九〇年代以降の空間の変容の特徴を示していると見なせるからである。これらには、グローバリゼーションや新自由主義、あるいは生政治という文脈が通底している。しかし、個々の事例にはそれぞれ固有な文脈があり、それに呼応した固有な表象の空間が形成される。つまり、「空間」を通して議論する場には、安易に普遍化する言説の独り歩きから個別性へと引き戻される一種の磁力が形成される。

また、これらの事例は、すでに終わってしまった現象ではなく、現在もなおその変容は進行しつづけている。例えば、二〇二一年の夏時点で、新型コロナウイルスが社会のなかにどのように定常化するのかは不確定であり、どのようなオルタナティブな社会の姿が構築されるのかさえ未然形のままである。東京オリンピックが何をもたらすのか、レガシーというよりもどのような残骸なのかということについても、私たちは目撃し考えていかなければならない。残骸であろうとレガシーと呼ぼうと、空間として残り続けることになる。あるいは、テクノロジーが集束するセキュリティ型住宅は、スマートシティとつながってスマートハウスに形を変えて今後数多く登場してくるだろう。スマートな空間の登場は、環境と資本が手を結ぶことなのか、それとも住宅が手を結ぶ相手はもっとほかにいないのかについても考えていかなければならないのである。

本書の六編の論考は、いずれも空間の表象が提示するような明るい未来像について懐疑するところから問いを出発している。それは、批判的な立ち位置というよりは、むしろ一九九〇年代以降経験してきた、危機や停滞の経験によるところが大きい。だから、次々と登場してきた空間について、「空間の不自由さ」のほうを問うことが主題になっている。快適で効率的な環境は、住みやすさと一対になった言説の関係を形成しているが、この空間についての平板な語りのほうこそを怪しむべきではないのか。むしろ、私たちは「空間は不自由である」という地点から考えることを開始すべきではないのか。なぜなら、空間それ自体が有している本質的な特徴というよりは、空間に対して自由を謳歌できるのは、独占したり専有したりすることができるからである。空間は自由にならないからこそ、社会的なるものの契機が生まれると考えるべきではないだろうか。その意味で、本書は「空間の不自由さ」の現在地である。

注

（1）経済産業省「電子商取引に関する市場調査の結果を取りまとめました」「ニュースリリース」二〇二〇年七月二十二日（https://www.meti.go.jp/policy/it_policy/statistics/outlook/200722_new_kohyo shiryo.pdf）［二〇二一年七月十日アクセス］

（2）アンリ・ルフェーヴル『空間の生産』斎藤日出治訳・解説（社会学の思想）、青木書店、二〇〇〇年

（3）同書一一二―一一三ページ

（4）阿部潔／成実弘至編『空間管理社会――監視と自由のパラドックス』新曜社、二〇〇六年

第1章　新自由主義と空間の暴力

――金融資本と空間の接合

はじめに

二〇〇〇年代に入り、都市開発のモードが大きく変容した。都市計画のさまざまな規制が緩和され、民間の資本が公共的な都市開発に本格的に参入しはじめたのがこの時期である。法的には〇二年の都市再生特別措置法が一つの指標になるが、これは、民間資本の都市開発を促す制度的条件を整えようとしたものだった。この特措法が指定する都市再生特別区では、民間が提案する事業を個々独立して進められるようにレギュレーションが変更される。審査の迅速さと開発の効率性を求め、国際的な競争力がある都市へと再生することを志向している。いわば、特別区での建築の自由を可能にするものである。

二〇〇〇年代の都市開発に共通するキーワードはスピードである。それは、着工から竣工までの建設の速さだけを意味するのではなく、資本循環の効率性に関わる問題である。つまり、開発の事業化を効率的に進めるために、投資のしやすさと開発とが直結する構造へとレギュレーションを整備しようとするものだといえるだろう。同時に、用途規制や容積率を緩和し、高層建築を特別化することで、開発エリアの空間のボリュームを上昇させることを可能にする。それは、建築空間が、資本とその循環の媒介項になることを意味している。実際に開発のための金融の仕組みも、金融市場から調達する直接金融が主流になっていく。いわば、都市空間の「金融のポートフォリオ化[1]」が進行する。

ところが、グローバリゼーションを念頭に置いた都市開発は、グローバルな金融危機から打撃を受けることになった。二〇〇八年秋以降、リーマン・ブラザーズの破綻によって顕在化したサブプライムローン問題に端を発する国際的な金融危機が起こったのである。これは、百年に一度の経済危機とか戦後最大の経済危機などと呼ばれた。実際に、〇九年一月から三月期のGDP（国内総生産）の減少率は一七・八パーセントだった。労働力調査によれば、〇八年十月には三パーセントの後半だった失業率は年明け以降上昇しつづけ、〇九年七月は五・七パーセントと過去最悪の数値になった。

東京を中心とした都市空間は、二〇〇〇年代初期に空間的バブルと金融危機の二つを経験した。この両者は、新自由主義化の文脈のなかで関連しあっている。都市開発では金融システムの構築が条件になった。後述するように、この空間の生産・開発のモードの変容は、実は一九九〇年代の半ばごろから準備されてきたものだった。都市自体を金融市場に開放していく過程は、バブル経済の崩壊後から徐々に進められてきたのである。その結果、公共空間の収縮をもたらすことになった。

本章では、二〇〇〇年代の初頭の時期にかけて生じた空間の生産の変容を検討する。そこで、まず、サブプライムローン問題を振り返りながら、一九九〇年代から二〇〇〇年代の都市空間の変容を検討しよう。

1　サブプライムローン問題と住宅という財

サブプライムローンとは、文字どおり二級のローン、つまりデフォルト（債務不履行）が発生しやすく、リスクが高いローンである。主に信用度が低い低所得者向けのローンであり、金利も高く設定されている。アメリカ社会は、そもそも持ち家主義が強いといわれるが、移民を中心とした人口増などによって住宅需要が高まり、サブプライムローンの利用も二〇〇四年以降には多くなる。この金融破綻の特徴は次のようなものだったとされる。サブプライムローンのなかでも特に住宅に対するローンの焦げ付きが主要な要因だった。とりわけ、中南米からの移民が多く低所得者層であるヒスパニック系人口の割合が高いカリフォルニアやフロリダ、あるいは自動車産業が立地する五大湖周辺の低所得者層が多い地域でデフォルトが発生した件数が目立った。(2)

サブプライムローン問題は、金融工学が駆使される国際的な金融市場で発生した。ローンとは債権のことだが、証券化の過程ではまず債権が小口の証券へと細分化される。次いで、何種類もの小口証券がパッケージ化され、リスクが分散される。さらに金融保証会社（モノラインと呼称される）によって支払い保証と格付けがなされる。この過程で作り出されるのがＣＤＯ（Collateralized Debt Obligation：債務担保証券）である。これらの証券は、実際には公開市場で売買されずに主にヘッジファンドへ転売されるケースが多く、価格とリスクの公開性が不十分だったといわれる。

短期に市場で証券を売り抜けたとしても、投資家にとってリスクが低減するわけではない。住宅市場は、証券売買の「金融市場」と、不動産売買の「実需市場」の二次元で構成されているが、金融市場のリスクは実需市場のほうからも規定される。金融危機は、単にデフォルトが発生し、不動産（住宅）が不良債権化しただけではない。不動産の実需市場でのデフォルトが証券市場に連動して、証券価格の下落をもたらしたのである。

しかも、実需市場と金融市場とは循環的な関係にある。住宅購入に際して組む融資とローンの返済の金利は、金融市場の金利とも連動しているから、金利が高くなれば返済金利も高くなる。つまり、実需市場のデフォルトは、金融市場からも規定されるのである。リーマン・ブラザーズをはじめとしたファンドの破綻は、信用収縮の直接的な原因だったが、証券化のメカニズムによって膨張した住宅の実需市場と金融市場との循環的な関係が構造化されており、国際的金融危機は金融資本主義がもたらす一種の自己言及的な帰結ということができる。

投資対象としての住宅

それにしても、なぜ住宅市場が信用収縮の引き金になるのだろうか。サブプライムローンは、住宅以外にも自動車やほかの消費財もその対象に含まれる。もちろん、価格の面で住宅はほかの耐久消費財に比べて高額であり、ローンの返済期間も長く、住宅ローンの市場規模も大きい。実際にアメリカの個人向け住宅ローンの市場規模は、二〇〇八年三月時点で約十兆ドル、新規貸し出しがおよそ三兆ドルといわれていた。ちなみに日本の場合は、〇八年の時期にローン市場が約百八十兆円、新規貸し出しが約二十兆円前後となっていて、アメリカは日本に比べてローン市場で約六倍、新規貸し出しで約十倍の規模であった[3]。

だが、サブプライムローン問題をめぐる一連の議論を前にして痛感するのは、住宅とは私たちにとって一体どのような財なのだろうか、という問題である。居住のための空間的な器だったり、家族や生活が表象される空間ということからかけ離れて、投資の対象の資産になっているからだ。とりわけアメリカ社会では、資産形成のための道具になっている。この点で持ち家主義は、資産形成のための金融資本主義のイデオロギーの一つの現れだともいえる。

先に述べたように、住宅市場は不動産の実需市場（一次市場）と、証券で取引する金融市場（二次市場）によって構成されている。この双方とも、キャピタルゲイン＝資産形成を目指している。アメリカでは住宅の中古市場が大きいが、それは住宅の住み替え＝転売によって、キャピタルゲインを図る仕組みが構成されているからである。さらに、預貯金が少なく、ローン社会でもあるアメリカでは、住宅価格から住宅ローン残高を差し引いたホームエクイティを担保にする、ホームエクイティローンが家計と個人消費を下支えしているといわれる。その意味で住宅は消費の器ではなく、消費マネーを担保する資産である。つまり、住宅は、キャピタルゲインと消費を生み出すための「金融の箱＝空間」なのである。

他方で住宅ローン＝債権の証券化という仕組みは、銀行などが融資や住宅建設のための資金を集める一つの方法である。そして、いったん金融商品化されてしまうと、それ自体が利益を得るための投資と欲望の対象になる。この世界では、住宅に居住することや表象された空間などの意味論的な次元とは無関係である。むろん、住宅ローンの返済能力（Affordability Index：住宅取得能力指数）は、ローンを組む際の信用の担保になる。しかし、それもまた証券化の過程でリスクに抽象的に換算され、さらに多様な証券の組み合わせのなかで分散される。こうして信用に関わる人称性が消去されていく。いわば、住宅はリスクとキャピタルゲインの対象へと抽象化されるのである。

住宅の実需市場と金融市場の双方ともに、資産形成やキャピタルゲインを生み出すことが自己目的化している。このような両者の関係をふまえるなら、あたかも倍々ゲームのような様相を呈している。資産形成をもくろむ実需市場の債権（借金）に基づいて、さらに大規模な証券の金融市場が構成されているからである。人の借金を証券化する仕組みは、証券の売買の側からみれば賭ける者に賭けるようなある種のマネーゲームである。

われわれの社会・経済生活が、金融市場と結び付いた資産形成の生活様式へ傾斜していく資本主義の変容を、ミシェル・アグリエッタは、フォーディズム型成長の危機に続くポスト・フォーディズムの「資産形成型成長体制」[4]と呼ぶ。「フォーディズム的成長体制では、賃労働者の欲求と資本蓄積とのこうした決定的関係は、所得の規則性と、住宅をはじめとする耐久消費財を手にいれるための貯蓄形成によって形成されており、そのような貯蓄形成と生産性とのリンクが内包的成長の軸[5]」になったのである。

ところが、特に一九九〇年代以降、賃労働者の貯蓄は金融資産の獲得に向くようになる。フォーディズム型成長体制では、生産性の向上で得られる収益は、労使間交渉と調整をおこない企業と貸労働者へと分配される。それに対して資産形成型成長体制では、株主統治が進むことで株式資本収益率をいかに上げるかへと舵を切る。デヴィット・ハーヴェイがいうフレキシブルな蓄積への移行が進むのである。[6]そこでは、株式の価値の最大化、すなわち資本の生産性が目指される。その結果、ICT（Information & Communication Technology）やアウトソーシングなどの導入がおこなわれ、企業組織のリストラクチャリングが進む。アグリエッタによれば、フォーディズム体制の危機と資産形成型成長体制への移行は、七〇年代からアメリカ主導で進行したとされるが、それはちょうど、アメリカ国内で証券化が進んで金融市場が大きくなっていく時期と一致する。

ポスト・フォーディズムのもとで、近年日本社会でも不安定雇用が大きな問題になっているように、労働者は雇用関係のフレキシビリティにさらされる。雇用が不安定な構造において、雇用だけでなく技能や社会保障、さらに金融資産でも格差が進行することになる。このような賃金労働者が分断された状態をアグリエッタは「社会的統合失調」という。レギュラシオン学派の議論をサブプライムローン問題の文脈に援用するならば、低所得者—高金利の階層性が金融システムへと取り込まれることで、金融市場の不確定要因を潜在的に高めていったことになる。サブプライムローン問題とは、資産形成型成長体制の下層部で発生した問題である。だとすれば、ポスト・フォーディズムの状況下で、住宅は雇用関係と同様に分断状況を生み出すもう一つの箱＝空間だったといえる。

2 都市空間の変貌

サブプライムローンが多く利用されたのは、アメリカでＩＴバブルがはじけた二〇〇四年以降だった。実際にサブプライムローン問題が顕在化したのは〇七年だから、証券化に誘導された住宅市場バブルは三、四年間の隆運だったことになる。実は、日本でも、バブル経済の崩壊を経験したあとの一九九〇年代後半以降に、証券化の仕組みを通して金融資本と結び付きながら都市空間が大きく変貌してきた。

まず、ここでは二〇〇〇年前後から東京都区部をはじめとした都市圏での、都市空間の相貌の変化をみることにしよう。大規模な都市再開発が続出し、高層ビルがいたるところで建設されている。それらの多くは都心部と臨海エリアに集中している（図1）。こうした大型プロジェクトの実現は、〇七年をピークに一〇年前後までにほぼ建設が終了する計画になっていた開発である。きわめて短期間に大規模なプロジェクトが乱立した。それらは、オフィスや消費に特化する単機能的なものではなく、商業、労働、居住などの多様な空間が複合的に構成されている。多国籍企業の中枢機能を

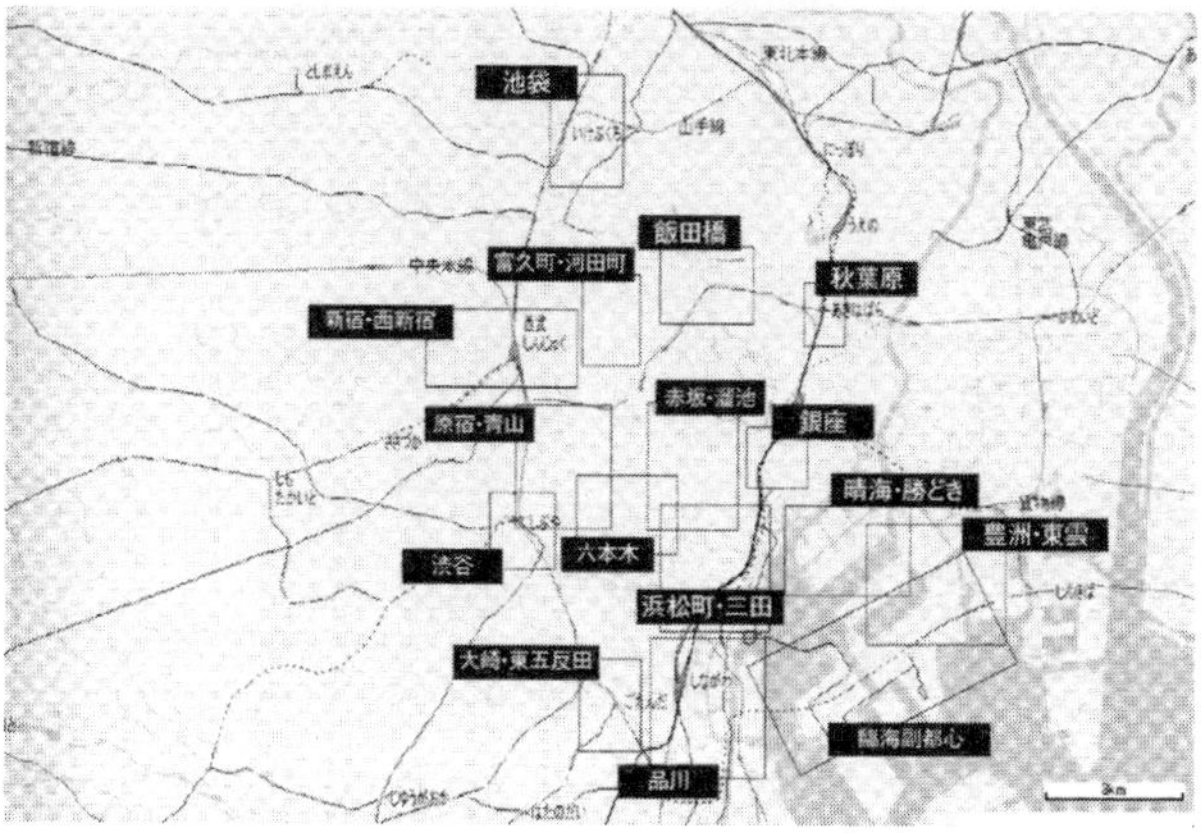

図1　東京の主な大型都市再開発地域
（出典：成美堂出版編集部『東京・首都圏未来地図――街が変わる暮らしが変わる』〔成美堂出版、2004年〕をもとに筆者作成）

はじめ、金融、ICT、メディア、コンサルティングなどの企業、そしてブランドショップ、フィットネス、アミューズメント施設、レストラン、文化施設などのいわばハイブリッドな空間が占めている。

二〇〇〇年代を迎えるまで、東京の都市空間にはそれほど高層ビルは多くなかった。町村敬志が一九七〇年代以降のビル建設の推移を検討するなかで指摘しているように、二〇〇〇年代以降、超高層ビルの建設が増加しているが、ほかのアジアの都市は経済成長のなかで建設ラッシュが生じたのに対して、東京の場合はバブル経済崩壊後の「失われた十年」や「失われた二十年」と呼ばれる経済の停滞期に建設ラッシュが生じているのである。(7)

空間の二極化と空間の表象の危機

このような都市空間の変貌に対して、八束はじめを中心としたグループUPG（Urban Profiling Group）は空間的なスタディーをおこなっている。その報告によれば、東京の都市空間の高層化は、ビルの本数ではニューヨーク、二十一世紀に入って十年間の予想建設量はドバイに次ぐという。また、東京は建築量の次元で「量の二極化」が生じているとする。例えば、銀座は低層のビル群からなるLow City、汐留や豊洲は純粋なHigh City、丸の内は平たい台座のビルにタワーを搭載しているSocle+Tower City、新宿はLow Cityに包含されるHigh City、月島はHigh CityとLow Cityとの混在、浦安はLow、Middle、High Cityの混在といったように、都市空間のボリュームが類型化できる。(8)

都市空間のLow CityとHigh Cityという二極化の加速度的な進行は、前述したように二〇〇〇年を挟んで前後十年ほどの現象である。空間が視覚的に二極化していくグローバルシティの状況は、それまでの高度経済成長期以降の都市の大規模化とは明らかに事情が異なっている。都市空間は郊外に向かって、幹線道路や鉄道路線に沿いながら同心円状に、空間の規模を拡張してきた。都市に流入する労働者とその家族を受容する住宅地と集合住宅が、郊外に伸長する鉄道の路線に沿って開発されてきたのである。(9) こうした一九七〇年代以降に活発化する空間の編成は、現在も決して失効しているわけではない。しかし、都心と臨海エリアに集中する二〇〇〇年前後の空間の膨張の仕方は、開発の対象が郊外からインナー・エリアへといった移動だけでなく、巨大な建築空間のボリュームを上層へと垂直的に立ち上げている。

八束はこのような空間の伸長と二極化について、丹下健三が「東京計画一九六〇」として描き出した都市計画の前提、あるいは背後仮説と比較して次のように述べている。丹下研究室のリサーチは国民経済に立脚していて、地方と中央との経済的なポテンシャルの違いや、第一次産業から第三次産業への産業構造の移行が日本の国土開発のアルゴリズムを決めていたとしても、国境の枠内で想定されていた。企業のオフィスビルの建設は、企業の経済活動の収益から算出される採算性の範囲内で計画され、住居もまたオフィスワーカーの給与や通勤距離との関係のなかで配置されて作られる。丹下の構想は、いわば「巨大なコンパクト・シティ」だった。しかし、八束は「ボーダレス化し、アウトソーシングやオフシェア化していく社会では、企業活動は完全に国家単位の制御の圏域をはみ出すのみならず、実態（現実の生産）からすら遊離し、有形の商品や現金をはるかに上回る量で資本の流れが世界中を駆け巡る。株式もそうだが、ファンドに代表されるような経済活動は、企業を生産単位、経営の対象というより相場の上の数字、つまり収益の対象としか見ない」という。つまり、「都市のプロファイルを決めるアルゴリズムは、デザインが割り出す非線形的のそれよりも、シビアな経営の流れが割り出すもの」ともいえるだろうし、グローバルシティの状況は、「アクティビティのフロー（経済）が空間を置いてきぼりにしつつある姿(10)」にもなっているという。

この八束の指摘で無視できないのは、膨張する都市空間に対する建築および建築家サイドからの対峙の可能性について、危機的な認識が示されている点である。しばしば、建築とは自然的・社会的・文化的な諸関係や問題を空間的に解き、構築することだといわれる。それは、アンリ・ルフェーブルの「空間の表象―表象の空間―空間的実践(11)」の三項に沿っていうなら、建築家は空間の表象をデザインや設計を通して描く役割を担っている。だとすれば、都市空間に投入される圧倒的な資本と空間のボリュームの隆起を前に建築サイドが抱く危機感は、空間の表象そのものの危機を指し示しているということができる。

すでにルフェーブル自身も、一九八〇年代半ば、『空間の生産』の第三版の序文で新自由主義化が進行する社会での空間の表象の危機について予見していた。彼はかつてパリと特定地域を軸にした「調和のとれたメトロポリス」という国民的空間を生産する計画が、新自由主義によって打ち砕かれほとんど無に帰してしまい、それ以降再建されていないことを述べる。[12] ただし、ルフェーブルはこの時点ではまだ、断片化された空間を多面的に結び付ける建築学や都市計画の可能性をみていた。[13] もちろん、計画段階で描いたような合理的な形態の空間は現実的には実現されない。だからこそ、日常生活や文化的な次元での生きられた空間である表象の空間と空間の表象との間で矛盾や葛藤が生じるのである。[14] しかし、グローバルに資本が流動化し、空間的な障壁の消失や時間―空間の圧縮[15]が進行している現在、つまりポスト・フォーディズムにあっては、空間の生産あるいは、空間的実践のモードがルフェーブルの想像以上に大きく変容しているのである。

空間は、独自の動き＝実践性を有し、都市空間や地域空間などを形成する。ルフェーブルがいうように空間的実践は、われわれにとって自明に知覚されたもの＝第二の自然として存在する。空間は社会的諸関係や生産諸関係によって編まれ、生産され、かつ生産する実践性を有している。だとすれば、資本が流動化するグローバルな状況のなかで、物理的な空間のボリュームが二極化していくような都市空間にどのような社会関係が埋め込まれ、どのようにして空間が編成されるかという空間的実践の現在が問われなければならないことになる。

空間の階層化と分裂

平山洋介は、この十年ほどの東京の空間の変貌を「ホットスポット／コールドスポット」の対比的・階層的な座標軸で捉えている。ホットスポットとは、メガプロジェクトの都市再開発が展開される空間である。広大な敷地、超高層の建築、生産・流通・居住・情報発信などの複合的用途、ランドスケープの組み直し、超高層の建築群による新たなスカイラインが浮かび上がる。こうしたメガコンプレックスは、周辺地域の文脈から分離し、それ自体で完結するかのような「飛び地」を都市空間のなかに形成した[16]。巨大プロジェクトをいくつか列挙するならば、東京駅丸の内ビルと八重洲、品川―大崎駅周辺、汐留シオサイト、六本木、赤坂、秋葉原―神田周辺、晴海―勝どき、豊洲―東雲、渋谷などである（図1）。

それに対してコールドスポットとは、住宅価格が下落しつづけ、住宅市場が停滞した空間で、都市郊外と都市周辺に広がる。売れ残り住宅地、低廉マンション、価格低下を招いたバブル期のマンションが取り残される。コールドスポットにある住宅の資産価値は低下し、キャピタルロスを生み出す。一九九〇年代のバブル経済崩壊もその一因ではあるが、「都心や臨海地域のホットスポットの勃興によって、郊外の住宅市場はより一層冷え込んだのである[17]」。したがって、ホットスポットとコールドスポットは、同時に生じた空間の階層的な分極化にほかならない[18]。

ホットスポットは、それぞれ単独で独立した閉鎖的な空間を形作る。それらの多くは高層ビルになっているが、上層階にいくほど住宅価格や賃料も高くなり、垂直分化している。つまり、「地上市場」よりも「空中市場」での住宅市場の差異化が顕著で、地上と空中とでは異質のマーケットが生成し、トレンディエリアの空は特別に贅沢で超高額の商品に転化する。このように、「大規模プロジェクトは周辺地域から水平方向に切り離され、上層階の住戸は地上から垂直的に分離する。建物のスケールと形態は地域の文脈との連続性をもっていない」[19]という現象が起こる。

こうした平山の指摘から角度を変えて、ネットカフェに注目してみよう。図2は、二〇〇九年ごろの東京都内のネットカフェの量的な分布を、市区ごとに示したものである。郊外にいくほどネットカフェの数が少なくなり、反対に新宿区や豊島区、武蔵野市、杉並区、江戸川区などのエリアが目立つようにして多くなっている。ネットカフェもまた周辺地域からは分離されたミクロな空間の群居であり、情報空間と接続している。「ネットカフェ難民」が社会問題になっているように、もはや一時的に宿泊するための空間ではない。都市空間のなかのすみかであり避難所である。

しかも、ネットカフェはホットスポットの周辺部に地上に張り付くように集まっている。ホットスポットが、外部に対して内向的に遮断しているすぐそばに、コールドスポットが存在する。郊外のコールドスポットと都心・臨海地域

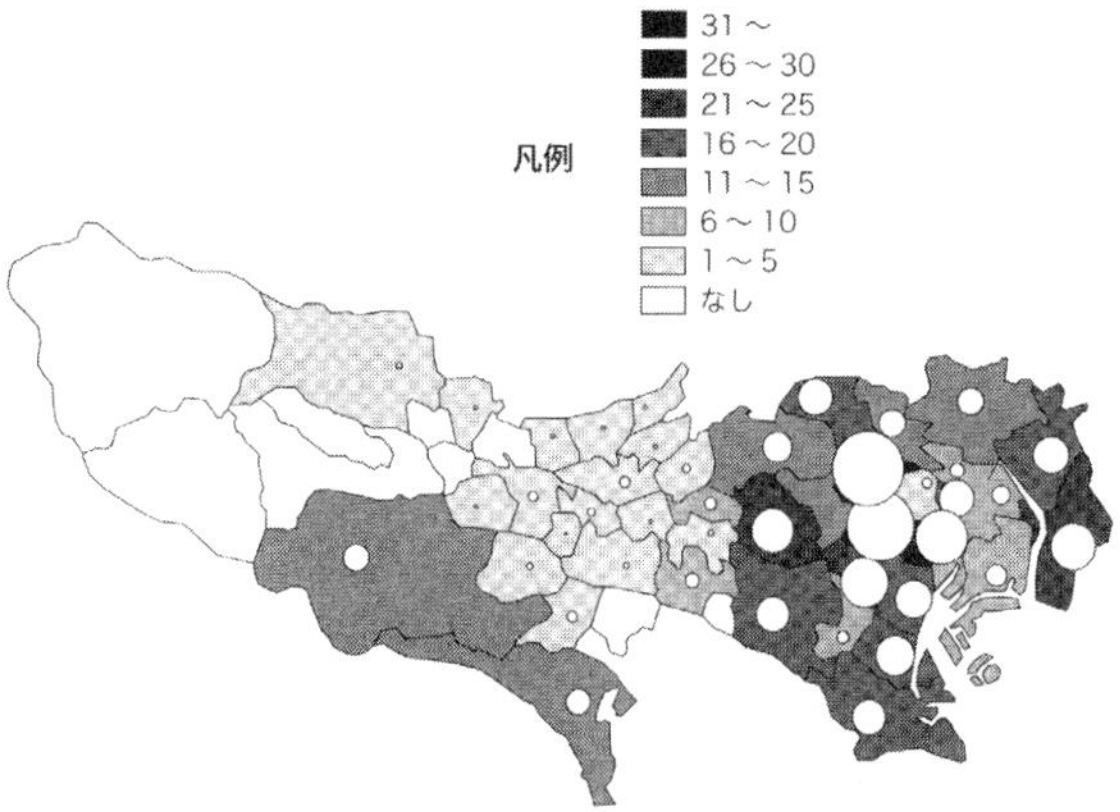

図2　東京都内のネットカフェの分布図
（出典：〔https://www.cafeman.jp/htm/13htm〕〔2009年7月1日アクセス〕をもとに筆者作成）

のホットスポットとは、住宅市場の水平面で相対的に関連しているのに対して、ネットカフェのようなすみかは住宅市場から疎外されている。実態はすみかであっても、これらは一つのホームレス空間であり、都市空間のなかでは社会的排除という圧力を伴った空間的分断状況から生み出されたものといえるだろう。

ネットカフェの分布図は、寝る空間という視角で捉えられた都市空間の姿を示している。職と住とは、基本的な生活条件である。しかし、ポスト・フォーディズム体制のもとでは、労働市場の構造的な変容をもたらす。その結果、雇用は金融調整の対象になる。不安定な雇用形態である非正規雇用、パートタイム・アルバイト雇用などがフレキシブルな構造のなかで作り出される。寝る空間の分断状態と階層化は、まさにこの構造変容と対応しているのである。

こうした空間の階層化と分断をみると、資本生産性に左右される空間がいかに暴力的なのかが浮かび上がる。空間とは社会関係を視覚的に表象するものであり、つまり差異や格差（distinction）が作用する媒介項になる。そこでは社会的な分類化と認識論的な分類が共犯する、象徴暴力がはたらいている。この共犯関係が成立すると、私たちが経験する社会があたかも自明で違和感を抱くことが難しくなる。そして、暴力が象徴的に作用すると、自己と他者との間に見えない階層や排他的な分断を作り出していく。すなわち、空間的差異には、階層や分断といった社会関係を現実化させるような象徴暴力がはたらく。特に物理的空間として建設される空間では、社会関係が当然の結果であるかのように操作的に固定化されていく度合いは強いのである。

3 空間開発と金融資本

都市空間の大きな変貌は、金融資本と結び付くなかで生じた。大規模な空間のボリュームが垂直的に隆起するさまは、バブル経済崩壊の残物をあたかものみ込んだかのようだった。しかし、こうした空間的実践は、市場の原理によって単独に生じた現象ではない。政策的な関与によっても誘導されていた。

バブル経済が一九九〇年に崩壊し、日本社会は大量の不良債権を抱え、キャピタルロスを経験する。地価や住宅価格の下落とデフレスパイラルの状況に置かれる[20]。この経済的不況を脱する施策として着手されたのが土地と不動産だった。九〇年代の中頃、橋本龍太郎内閣の政権下で土地と金融政策のスキームを見直し、二〇〇一年の小泉純一郎内閣の政権の発足と同時に都市再開発プロジェクトが一斉に動き始める。前述した〇二年の都市再生特別措置法は、こうした流れを法的に集約するものだった。

ここではまず、一九九〇年代半ばから二〇〇〇年代初めまでの政策的な誘導を概観することにしよう。表1は、その経緯をまとめたものである。

表1　都市再開発に関する2000年代初めまでの規制緩和

年次	政　策	東京都の政策
1990年—	資産の証券化	
1993年	特定債権にかかる事業の規制に関する法律（リース債権の流動化）	
1994年	建築基準法改正（容積率の規制緩和）	
1996年	金融規制緩和（金融ビックバン）	
1997年	新総合土地政策推進要綱 投資信託窓口販売禁止 独占禁止法改正（持ち株会社解禁）	
1998年	SPC 法 ノンリコースローンの導入 外国為替及び外国貿易法改正 証券取引法改正	
1999年	PFI 法の成立（2000年3月施行）	首都圏再生計画骨子
2000年	投資信託及び投資法人に関する法律 SPC 法改正 特例容積率適用制度の創設	東京圏メガロポリス構想（仮称）
2001年	都市再生本部発足 REIT 市場の本格化	東京ベイエリア21 首都圏メガロポリス構想
2002年	都市再生特別措置法成立・施行 個人型確定拠出年金制度開始	環境影響評価条例改正（高層化への規制緩和）
2003年	DCF 法	容積緩和の運用方針の変更
2008年	サブプライムローン問題	

（出典：五十嵐敬喜／小川明雄『「都市再生」を問う——建築無制限時代の到来』〔（岩波新書）、岩波書店、2003年〕、武居秀樹「石原都政と多国籍企業の拠点都市づくり」〔「ポリティーク」第8号、旬報社、2004年〕を参照し筆者作成）

空間の動産化

橋本内閣の土地審議会では、土地の「資産」価値を重視する考え方から、「資源」の利用価値を重視する考えへと移行し、「所有から利用へ」というスキームへの変更が答申された[21]。土地の利用とは、例えばビルに入居するテナントからの賃貸収入を得ることで不動産から利回りを得る手法である。通常、不動産がもたらす収益は、賃料収入から得られるインカムゲインと不動産の売却益や評価益から得られるキャピタルゲインの二つである。日本の場合は、インカムゲインの利益幅は狭い傾向にあり、逆に不動産のキャピタルゲインで資産を形成するというのが戦後一貫した傾向だった。バブル期には、後者の不動産投資が投機的に横行した。

土地の利用を促していくことは、インカムゲインに向けて金融資本を投下していくことを指す。ここで重要なのは、単に賃貸物件の建物を増やすことではない。より多くのインカムゲインが見込まれる不動産を投資の対象にするための仕組みを作ることを目指している。建築物が利潤をもたらすものとすること、そして、その利潤を建物の所有者だけでなく、その建物に投資した投資家たちにももたらす金融スキームの構築を企図しているのである。したがって建築物には、オフィスや商業、レジャー施設、あるいはより多くの消費を生み出す空間の資本の生産性が問われることになる。

こうした点について、ルフェーブルは空間の動産化として次のように指摘している。

空間を動産化して空間を生産しうるものにするために、過酷な要求が課せられる。すでに見たように、空間の動産化の過程は土地からはじまる。土地は、まず伝統的な所有形式から、安定した財産相続から引き離されなければならない。（略）ついで動産化は、空間、地下、地上の容積へと押し広げられる。空間全体に交換価値が授けられなければならない。ところが交換は互換性を意味する。財の互換性によって、その財は商品になる。それは糖や石炭の数量とまったく同じである。互換性をもつためには、その財がほかの財と、さらには同じ種類のすべての財と比較しうるものでなければならない。「商品世界」とその特性が、空間において生産される財や事物から、あるいは財や事物の流通フローから空間全体に押し広げられる。[22]

動産化とはこのように、まず土地を市場での売買が可能になるように市場のなかに取り込み、流動化させ、続いてその土地の上空と地下という空間の容積を析出する。そしてこの空間を財の交換価値の関係へと物象化させる。すなわち、土地利用とは土地の売買ではなく、商品化と財の交換のための対象として空間を発見することにほかならない。このとき空間は、何らかの価値を生み出すものになりうる。そして、この空間の動産化について、具体的には一九九〇年代の後半以降、日本では以下のような経緯をたどった。

不動産の証券化

不良債権によって塩漬けになっていたさまざまな担保不動産をどのようにして流動化させるのかが、バブル経済崩壊後の重要な政策的ターゲットになった。そこで導入されたのが証券化の金融システムである。

その最初の仕掛けが、一九九八年のＳＰＣ法（二〇〇〇年に改正、資産の流動化に関する法律）である。ＳＰＣ（Special Purpose Company：特別目的会社）とは、不動産運用事業に特化した投資の受け皿になるものである。[23] 銀行や企業などが抱える不動産をＳＰＣにいったん売却し、ここに集められた資産が将来的に生み出す収益を担保にして、投資家から証券を介して資金を集める。ＳＰＣは企業の子会社や合同会社として作られるケースが多い。こうして、企業や銀行は資産をバランスシートから除外できるようになった。さらにＳＰＣは、不動産事業をおこなうために金融機関から融資を受ける際にはノンリコースローンの仕組みを導入できる。ノンリコースローンは、ローンの返済責任を求めないという意味で、ローンの対象が当該の担保不動産だけに限定される。もしこのローンが回収できないとしても、ＳＰＣの法人本体にまで返済責任が及ばない仕組みになっている。ＳＰＣの採用は不動産の流動化と投資の活性化を意図したもので、国内外の投資家に金融市場を開いていくものであった。

さらに、二〇〇〇年、「投資信託及び投資法人に関する法律」が改正されて、〇一年にＪ―ＲＥＩＴ（Real Estate Investment Trust）制度、いわゆる不動産信託が日本で本格化する。ＲＥＩＴとは、不動産の証券化によって開発に関わる資本を市場から調達する直接金融の仕組みであり、一九六〇年にアメリカで端を発し、現在では主要各国で導入されている。

図３は、不動産の証券化の推移を表している。二〇〇八年から一〇年までの落ち込みはサブプライムローン問題の影響を如実に物語っているが、〇七年までは右肩上がりで市場規模が拡大してい

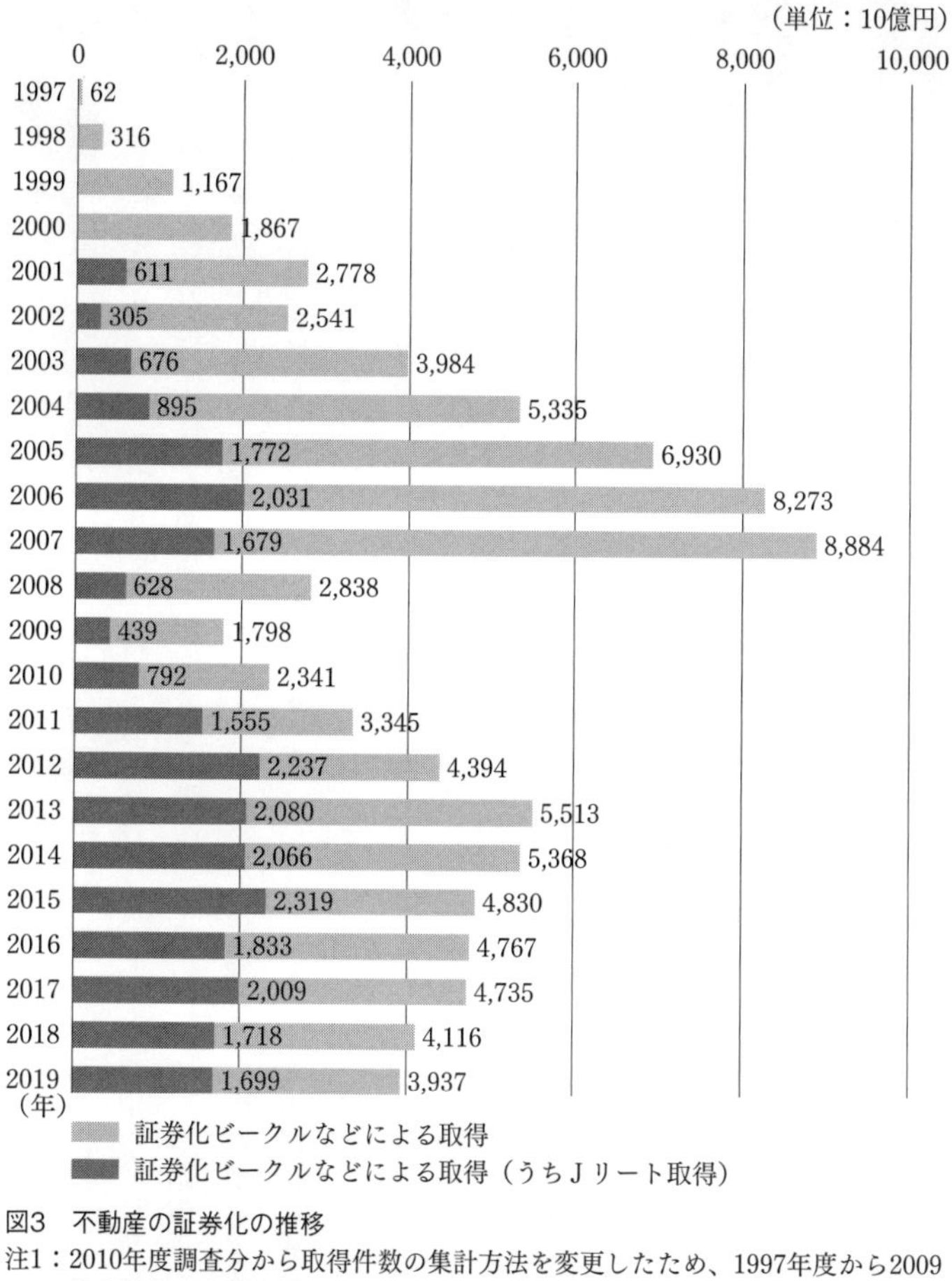

図3　不動産の証券化の推移

注1：2010年度調査分から取得件数の集計方法を変更したため、1997年度から2009年度調査の取得件数は、これらの調査結果を公表した際の数字と一致しない

注2：2018年度調査から、その他私募ファンド（TMK と GK-TK）は推計値としている

（出典：国土交通省「不動産証券化の実態調査」〔https://www.mlit.go.jp/totikensangyo/totikensangyo_tk5_000209.html〕［2020年3月1日アクセス］から筆者作成）

ることがわかる。証券化ビークルとは、前述したSPCが発行する証券や特定目的信託（証券）を指している。どの年代でも、J―REITよりも証券化ビークルの割合が多い。不動産の証券化を考えるとき、しばしばJ―REITと対比して、私募REITや私募ファンドと分類されることがある。J―REITは東京証券取引所に上場された証券だが、私募REITは特定の機関投資家や投資法人による取引がおこなわれる。二〇年時点で、不動産や証券会社を母体とする四十弱ほどの投資法人が私募REITを発行し、およそ四兆円の証券を発行している。私募ファンドは、私募REITを短期的な投資に特化した金融商品であり、富裕な機関投資家や投資法人が購入する。

実は、この私募型の証券に関しては、その実態が正確につかめないほど不透明な規模になっている。市場に対して開かれているJ―REITは一般の個人投資家も対象にしているが、私募型の場合は億の単位でクローズで運用される。グローバル資本が主にやりとりされるのは、私募型のファンドである。ちなみに二〇一〇年以降、つまりサブプライムローン問題以降、日本銀行が長期国債と同様に、J―REITを大口で購入している。このことは、日銀が担う金融政策以上に、私募型の証券が都市開発や建設市場とその金融システムを下支えする役割として機能していることを物語っている。

4　公共空間の市場化と社会的所有の放棄

都市再開発は、前述したように二〇〇一年の小泉内閣の発足から本格化する。都市再生本部の発足と都市再生特別措置法がそれである。それらが目指していたものは、大きく分けて三つあった。一つは、東京や大阪区部などの都市圏を国際的競争力がある都市へと再浮上させること。第二に、都市再開発に民間資本、民間企業を参入させること。第三に、土地の流動化によって、不良債権を開発の資産へと転換することである。[24]

都市再生特別措置法では、都市再生緊急整備地域を政令で指定し、そこでの開発事業主体（いわゆる発注者）の範囲を行政から民間事業者にまで広げる。開発事業プロジェクトの提案を民間事業者がおこなえるようにする。整備地域は、まず東京と大阪で十七地域が指定されたが、前述の都市空間の変貌をもたらした地域の多くが該当していた（図1）。次に札幌市や仙台市、福岡市、東京周辺の地方主要都市で二十八地域を指定し、二〇〇六年まで六回にわたって合計六十六地域が対象になった。

この整備地区は、容積率、傾斜制限、高さ制限などの規制を適用外にする。つまり、建築や都市計画の徹底的な規制緩和を図る。容積率や高さ制限の規制が解かれた結果、都市空間のなかに超高層ビルが隆起することになった。そして、提案された開発事業が認定された場合は、無利子融資、社債の保証などの金融支援をおこなった。また、政府レベルでの都市再開発は、表1にもあるように東京都の都市政策とも一体になった動きをした。(25)

整備地域の合計面積は六千六百ヘクタールを超えるものだったが、これほどの開発用地を一体どうやって用意できたのだろうか。また、投資ファンドが投資対象として見合うようなボリュームをもった空間をインナーシティにどのように用意できるのだろうか。そうした開発のための敷地は、二つの回路によってもたらされた。

第一に、当時の国鉄（日本国有鉄道。現JR各社）の跡地を中心にした国公有地の転売・転用である。例えば、JR東京駅八重洲口、新橋駅北側の汐留、品川駅東側、秋葉原駅周辺などはその代表的な敷地である。また、官公庁の用地も活用された。防衛庁跡地、大手町合同庁舎跡地、そのほか公務員宿舎、公営団地跡地、公園などの国公有地が市場に売り渡された。

第二に、金融庁が二〇〇二年に銀行の資産評価法にDCF（Discount Cash Flow）方式を導入し、資産を時価で換算する減損会計を利用したことである。DCF方式とは、貸し出した元本と利息によるキャッシュ・フローを見積もり、それと貸出債権の回収とを比較して、仮に回収が見込めない場合は、貸し出し元本を不良債権と見なし、引当金を積み上げる方法である。簡単にいえば、融資先の不動産を現金に換算して、銀行の損益とすることである。この方式を導入することで、銀行は不良債権の増加を避けるために、不動産担保がついた不良債権処理を進めることができる。

これは、資産査定の技術的な変更にとどまらなかった。この資産評価法を採用すれば、優良であっても安価な不動産が市場へ吐き出される。貸し出し元本が不良債権と見なされても、担保になっている不動産が不良とはかぎらない。太田康夫は以下のように説明している。「銀行が安値で売らざるを得なくなった不動産は、内外の私募ファンドやREITが購入していく。銀行が売る安値の不動産を証券化商品にパッケージして販売すれば業者は大きな利潤が得られる状況が続き、不動産市場は急速に活況を呈していった[26]」。ここでも公的な回路を経由した、不動産を市場に送り出すマッチポンプがはたらいていたのである。

都市再生特別措置法が誘導する都市再開発は、証券化という仕組みのなかで金融資本と直接結び付きながら展開した。その意味では、都市空間を新自由主義の渦中に取り込んでいく施策だった。小泉内閣の規制緩和と民間活力は、都市再開発でも発揮されたことになる。しかし、国公有地の転売や転用、DCF方式による流動化を促す不動産の市場化といった点をふまえるならば、姿を変えた「公共事業」である[27]。このような新自由主義型の都市再開発は、公共事業に直接関与しないための国家の関与であり、国家がファンドを出さないための関与である。こうした事態を「空間の社会的所有」の放棄と呼ぶことができるだろう。

公的セクターの民営化は、日本では一九八〇年代の中曾根康弘内閣で、国鉄がJR、電電公社(日本電信電話公社)がNTTへと企業法人化されるなかで進んだ。本間義人が指摘しているように、国鉄が保有していた土地の転売が、その後の都市と住宅政策を大きく変えていくきっかけになった[28]。そして、バブル経済とその崩壊を経て、九〇年代の後半に金融ビッグバンが起こり、金融資本がグローバル化を進める。この橋本内閣で進められた金融市場の規制緩和が布石になり、二〇〇〇年以降の小泉内閣で、金融資本や情報資本と結び付きながら空間開発が金融市場のターゲットにされたのである。

国鉄用地の市場への転売・転用が象徴的に示しているように、一九九〇年代の後半以降に都市に生み出された空間は、社会的に共有される公共的空間自体の収縮の経験だといえる。八〇年代の民営化、九〇年代の金融ビッグバンが、二〇〇〇年以降の空間の新自由主義化のなかで結託した格好である。

ロベール・カステルは、社会的所有の意義とは資産や資本をもたない人々が利用する権利が保障された「共同の資産と共同の権利」であり、あらゆる賃金労働者に社会的独立の最低限の条件を保障し、相互依存関係を保つために必要な社会の可能性の共有財産だという。(29) 脱福祉国家化する社会国家の変容が、社会的所有―権利から私的所有―市場へと移行するなかで、社会的所有が支えていた公共的空間が収縮する過程だと見なされるのである。それは、人々の互恵的な関係を保障する空間の条件が矮小化していく事態であり、空間から社会的なものが後退していく事態でもある。

フローの空間と分極化

規制が取り払われた都市空間は、建築と資本の自由が保障され、市場原理で空間を自由に操作することが可能になる。これはまさに「空間の自由市場」である。高層化する空間はそのことを表している。このような空間的実践を統御するのは、何らかの合理的な知に基づくような、あるいは官僚的な専制に基づくようなマスタープランではない。空間の操作が金融資本と直接結び付いていることが物語っているように、空間的実践を統御するのは、ボーダレスに編成されているフローの空間である。

　マニュエル・カステルは、フローの空間をいくつかの相互に関連しあう種別性から捉えている。資本、情報、労働、商品、意思決定のフローといった形態で、生産、分配、消費、経営管理の可変的配列形態を不断に再定義しあう関係が作られる[30]。このフローとは、私たちの「経済的、政治的、象徴的生活を支配する過程の機能的表現」であり、「社会の支配的な経済的、政治的、象徴構造におけるエージェントによって担われている、物理的な意味ではつながりを解かれた位置のあいだでおこなわれる交換および相互作用の意図的、反復的、そしてプログラム可能な順序的連鎖[31]」である。

　例えば、カステルは一九九二年のヨーロッパ金融危機をもたらしたのは、誰か特定の投機家集団ではなく、世界規模で相互連結して瞬時に作動しだす「市場の力」だったとする。権力のフローではなく、フローそれ自体が権力として作用する。フローの抽象的な力は、われわれの生活の諸次元、とりわけ空間そのものに影響を及ぼす[32]。こうしたフローの集列体が、都市空間のリストラクチャリングを進める。しかも、都市に開発される建築的で物理的な空間も投資の対象になる。いわば、都市がフローの空

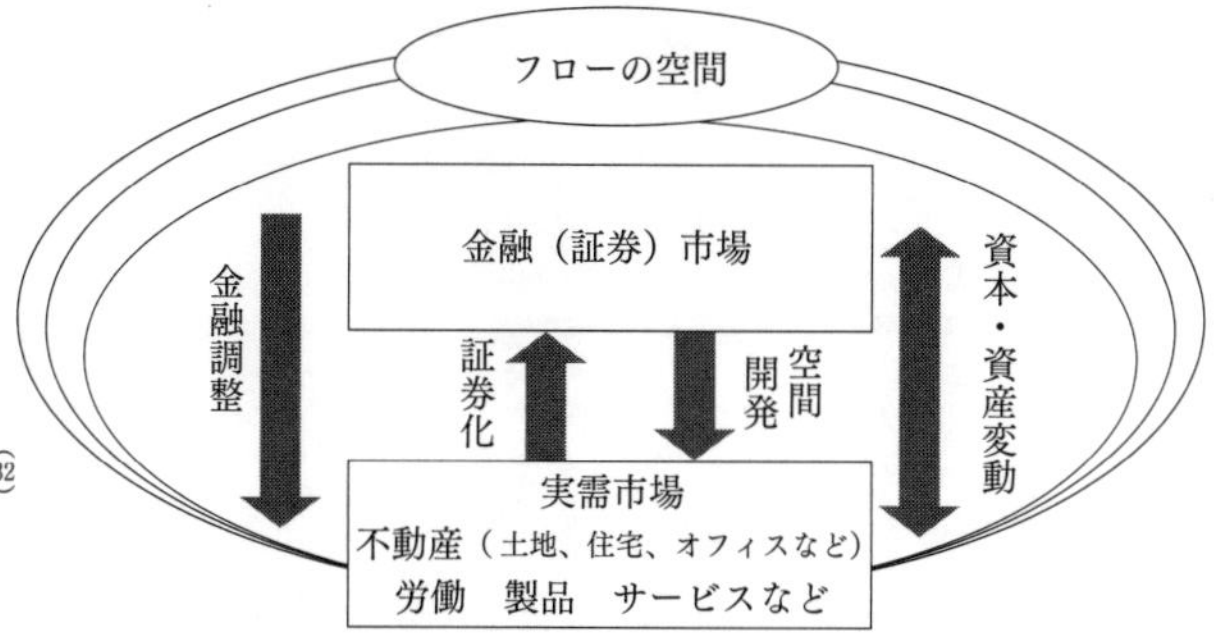

図4　フローと空間の市場（筆者作成）

間へと融解していくように変容していく。その結果、リストラクチャリングされた都市は、社会構造レベルの分極化を進める。この分極化は、これまでの社会的不平等や空間的隔離といった現象としてだけではなく、双対的に二元化する都市（dual city）として、「同一のシステムの一部でありながら、相互に無視しあっている要素間の相互作用的な成長のプロセス[33]」が作用するのである。

おわりに——空間のフレキシビリティ

冒頭で見たように、不動産は実需市場と金融市場との二重構造を有し、金融危機と不動産の低迷とは循環的関係にある。ポスト・フォーディズム下では、金融資本がフレキシブルな蓄積を進めるが、ハーヴェイが指摘しているように不安定さを内包している。

一九七二年以降定着した新しい金融システムは、世界資本主義で作用していた勢力均衡を変えたが、その際、この金融システムは、法人や国家や個人の財務管理に比較して銀行や金融システムにより多くの自律性を与えた。フレキシブルな蓄積は明らかに、フォーディズムがそうであった以上に調整力としての金融資本に期待を寄せている。上述の金融システムがより広い分野に危機を分散させ、資金を破産している企業や地域や部門から、儲けがある分野にすばやく移すことが容易になっているとしても、独立的で自律的な通貨危機や金融危機が生みだされる

可能性が以前に比べてかなり高くなっていることを意味している。(34)

不動産の動産化（ルフェーブル）は、先に見たように単に不動産が投資対象になるだけではなく、金融資本にとって利潤を生む空間を発見することだった。金融資本と空間とは一体になることで空間の自由市場を形成する。ポスト・フォーディズムの状況下で、金融調整が、フレキシブルな雇用を生み出したように、空間もフレキシブルな関係へと変化させていくことになった。空間の階層化と分断・分裂状況を作り出すようになった。空間は格差を視覚化するが、同時に格差を作り出す場にもなった。資本生産性が高い空間には資本が循環し、反対に資本生産性が低い空間は埒外に置かれる。資本は、建築の質的な空間に愛着など抱かないのである。

不動産市場を活性化させるために、金融システムの透明化や健全化を図ったり、証券市場の安定化を進めるという志向はありうる。だが、同時に依然として活性化の底流にあるのは、スクラップ・アンド・ビルドによるメタボリズム（新陳代謝）とキャッシュ・フローである。このことは逆説的にも、一九八〇年代以降何度も唱えられてきた「世界都市」が、バブル経済の崩壊後に形を変えて都市再開発として掲げられてきたことを端的に表している。町村敬志が九〇年代に看破しているように、世界都市は、とりわけ東京にとっては、都市改造を正当化する強力なイメージとして作用した。(35)だが、世界都市という言説が盛んに言われ始めてから三十年あまりたった現在、あらためて町村が振り返っていうように、「世界都市あるいはグローバルシティという一見陳腐な概念は影響力を保持し続け(36)」ている。グローバルシティは都市が国際的なネットワークのノードになり、フローからなるレイヤーが形成されることを意味しているのだとすれば、同時に「都市」そのものをフローのために、より具体的にいえば、金融システムのために再開発すべき空間として開放することを同時に意味している。

実際に国鉄や官公庁などの国公有地が先導して金融市場に提供された。このことは物質的な空間の次元にとどまらず、空間の公共性自体の収縮へと転換されていく。それは、空間を社会的に所有することを放棄することを意味している。そして、金融資本のサイドから公共空間が生まれてくる可能性は、現状を考えたとき、原理的に想定することは難しい。それぞれ別の次元にある、フローの空間と都市空間とが融合していく状況のなかで、空間の表象は危機に直面する。それは、空間の社会的所有と空間の公共性の危機でもある。私たちに問われているのは、このような空間的実践としてのフローが作用する象徴暴力の地点から、空間のオルタナティブを対峙させていくことである。

注

(1) 町村敬志『都市に聴け——アーバン・スタディーズから読み解く東京』有斐閣、二〇二〇年、二〇九—二一一ページ

(2) 小林正宏／安田裕美子『サブプライム問題とアメリカの住宅金融市場——世界を震撼させた金融危機の根幹は何なのか』住宅新報社、二〇〇八年

(3) 同書

(4) レギュラシオン学派の中心人物であるミシェル・アグリエッタは「資産形成型成長体制」について、労働者が資産形成にあたって、貯蓄からさまざまな金融機関への投資をする様式へと移行するプロセスで、賃労働者の貯蓄と企業の収益性との間の新しい接合様式が生じたとする。いわゆる株主主権と統治によって、企業に対して支配力を増すが、アグリエッタは楽観的に賃労働者が投資を通して、企業の株主になりうる可能性をみている。こうした見通しについては、若森章孝によるM・アグリエッタ/B・ジェソップほか『金融資本主義を超えて——金融優位から賃金生活者社会の再建へ』(若森章孝/斉藤日出治訳、晃洋書房、二〇〇九年)の解説で、この成長過程が賃金生活者の統合を破壊している現状を指摘している。

(5) 同書四六ページ

(6) D・ハーヴェイ『都市の資本論——都市空間形成の歴史と理論』(水岡不二雄監訳、青木書店、一九九一年)を参照のこと。

(7) 前掲『都市に聴け』一九三—二一〇ページ

(8) 八束はじめ/大田暁雄/金子祐介/唯島友亮/水谷晃啓/福島北斗「TOKYO METABOLISM 1960-2010: ENCYCLOPEDIA Vol. 1」「10 + 1」第五十号、INAX出版、二〇〇八年

(9) 戦後の住宅体制については、平山洋介『不完全都市——神戸・ニューヨーク・ベルリン』(学芸出版社、二〇〇三年)、同『マイホームの彼方に——住宅政策の戦後史をどう読むか』(筑摩書房、二〇〇〇年)、あるいは本書の第3章「囲われる空間のパラドックス」、第5章「郊外空間の反転した世界——『空中庭園』と住空間の経験」などを参照のこと。

(10) 八束はじめ「50 Years After 1960——グローバル・シティ・スタディーズ序説」、前掲「10 + 1」第五十号

(11) 前掲『空間の生産』を参照のこと。

(12) 同書四―五ページ。また、アンリ・ルフェーブルは、近代性を空間の均質化として捉えているが、均質化を推し進めたのは、細分化された空間を自由に所有することであり、市場での自由な売買だとする。ハーヴェイはこの点に触れて、十八世紀から十九世紀初頭のイギリスでエンクロージャーによって景観を著しく変容させた戦略が、細分化と所有、市場での交換だとする（デヴィッド・ハーヴェイ『ポストモダニティの条件』吉原直樹監訳・解説〔社会学の思想〕、青木書店、一九九九年、三二六ページ）。

(13) 前掲『空間の生産』一四―一五ページ

(14) ルフェーブルは空間的実践について、空間を生産する pratique として捉えている。それは、例えば鉄道・道路網や上下水道のようなインフラストラクチャーとして具現化されていて、空間的な接続や分離の動態を内に含んでいる。空間の表象とは、思考される空間であり、科学者や社会・経済計画の立案者、技術官僚、社会工学者などが構想する空間である。表象の空間とは、映像や象徴の連接を通して直接に生きられる空間であり、住民やユーザーの空間である（前掲『空間の生産』八二―九二ページ）。

(15) 時間―空間の圧縮については、前掲『ポストモダニティの条件』を参照のこと。

(16) 平山洋介『東京の果てに』（日本の〈現代〉）、ＮＴＴ出版、二〇〇六年、三七―三八ページ

(17) 同書一四三ページ

(18) 東京の都市空間のホット／コールドの分極化は、マニュエル・カステルが指摘する「デュアル・シティ」であるということができる。

(19) 前掲『東京の果てに』九〇―九二ページ

(20) 高度経済成長期には右肩上がりの経済成長と土地価格の上昇が自明とされていた。それに照応して、住宅市場も住み替えの物語を内包しながら、資産形成の階梯として機能していた。住み替え＝ハウジング・チェーンは、公営住宅─民間賃貸─公団住宅─持ち家というように住宅階層を上昇していくライフステージの展開である。こうした、資産形成に裏打ちされた住宅階層は現実的なものではなくなった。

(21) 太田康夫『地価融解──不動産ファイナンスの光と影』(日本経済新聞出版社、二〇〇九年)を参照のこと。

(22) 前掲『空間の生産』四八四ページ

(23) SPCは、不動産の領域に限らず、PFI (Private Finance Initiative) 事業でも活用される。PFIは、イギリスの行政改革のなかで作り出された公共事業に民間の資本や技術などを活用し、公共施設の運営や維持も、公共団体にかわって民間業者が担うことを可能にするスキームである。日本でも一九九九年にPFI法が制定された。この場合は、PFI事業を進めるにあたり、SPCを設立して官─民の一種のコンソーシアムを形成する役割を担う。

(24) 都市再生本部と都市再生特別措置法の経緯については、五十嵐敬喜／小川明雄『「都市再生」を問う──建築無制限時代の到来』(〔岩波新書〕、岩波書店、二〇〇三年)を参照。また、中央政府のこうした動きと連動する東京都の都市開発の経緯については、武居秀樹「石原都政と多国籍企業の拠点都市づくり──「世界都市＝東京」の矛盾」(「ポリティーク」第八号、旬報社、二〇〇四年)を参照のこと。

(25) 同論文

(26) 前掲『地価融解』一〇三ページ

(27) 前掲『「都市再生」を問う』
(28) 本間義人『居住の貧困』(岩波新書)、岩波書店、二〇〇九年
(29) ロベール・カステル『社会の安全と不安全——保護されるとはどういうことか』庭田茂吉/アンヌ・ゴノン/岩﨑陽子訳(同志社大学ヒューマン・セキュリティ研究叢書)、萌書房、二〇〇九年
(30) マニュエル・カステル『都市・情報・グローバル経済』大澤善信訳・解説(社会学の思想)、青木書店、一九九九年、二四九ページ
(31) 同書二五六ページ
(32) 同書二五三—二五四ページ
(33) 同書二一四ページ
(34) 前掲『都市の資本論』二一八ページ
(35) 町村敬志『「世界都市」東京の構造転換——都市リストラクチュアリングの社会学』(社会学シリーズ)、東京大学出版会、一九九四年、一三〇—一三七ページ
(36) 前掲『都市に聴け』一三九—一四〇ページ

第2章　都市空間の変容のなかのオリンピック

——再開発のなかの建築と空間

はじめに

東京の都市開発は滞ることなく続いている。第1章で議論したように、東京に限ったことではなく、資本の投資対象になりうる都市では、開発——スクラップ・アンド・ビルドが、まるで空間と資本が循環するかのように進行している。乱立する大型プロジェクトは、都市空間自体を変貌させてきた。しかし、経済成長がすでにピークアウトし、[1]成長型＝開発型の社会ではなく成熟型の社会を迎えていることも社会的な共通認識になっている。実際に、経済的豊かさの指標であるGDP（名目）が二〇五〇年には世界第八位にまで下がり、人口も五〇年には一億人を割り込むことが予想されている。[2]

今後も経済の成長が見込めないにもかかわらず、なおも都市空間の開発が続くのはなぜなのか。成熟型社会のなかで、成長の言説を都市に投影させるのは矛盾しているように思える。多額の資本を投入することに未来への負債感を感じずにはいられない。こうした感覚は、過剰に反応したナイーブな危惧にすぎないのだろうか。

本章では、この一見素朴とも思える疑問に対して、東京オリンピックの視点から考えてみたい。二〇二〇年に開催予定（二〇二一年に延期）だったオリンピックは、レガシーやヘリテッジが強調されていた。レガシーというキーワードがオリンピックをめぐって登場しはじめたのは〇〇年代に入ってからであり、そこには脱開発や持続可能性といった考え方が内包されている。しかし、レガシーをめぐる一連の言説は、阿部潔が指摘しているように、社会やスポーツの偶有性を制御し、未然であるはずの未来を視覚化させるようなレトリックでしかない[3]。つまり、都市を何らかの形態で開発していくことを、先取りする自己目的な言説が作用しているのである。

実際に、二〇二〇年の東京オリンピックの準備段階で、競技施設をめぐるトラブルや議論が生じた。新国立競技場のコンペティションと建設、競泳プール施設やボート競技施設の建設費、場所の選定など、一連の問題で争点になったのは、それらの建設費が当初の想定よりも高額になったことだった。その結果、コンパクトなスケールでの開催という当初の方針から次々と逸脱していくことが明らかになった。

新国立競技場については別の角度から次節であらためて議論するが、ここで確認しておきたいことは、レガシーという言説が、建設費や維持にかかるランニングコストの費用対効果という点から見れば、経済的合理性に依存するという事実の表れである。誤解を恐れずにいうならば、公共的な施設である競技施設は利潤を生み出すものではないから、それらの建設に対して、開発と資本の側にすればあまり魅力的なものではないのだろう。都市開発の次元とオリンピックに直接関連する施設の建設との間には大きな隔たりがある。むしろ、この隔たりこそが、現在の東京という都市の空間的特徴を表している。つまり、公共建築のさまざまなオリンピック施設と、民間資本が投資する開発・建設する建築とが混在している状況が、オリンピック開催準備のスケジュールのなかで形成されているのである。

そのように考えるならば、東京の都市再開発の文脈のなかにオリンピックを位置づけることで、再開発そのものの相貌が浮かび上がってくると思われる。二〇二〇年に開催予定だった東京オリンピックの会場は、大きく二つのエリアから構成される。それぞれヘリテッジゾーンとベイゾーンと名づけられ、前者は一九六四年の東京オリンピックで用いた会場を引き継ぎ、後者は有明やお台場など東京湾の埋め立ての開発と一体になっている。ヘリテッジゾーンで際立って問題になったのは、新国立競技場の設計と建設をめぐるザハ・ハディドの設計案をキャンセルしたという問題だった。そして、ベイゾーンは長い間懸案になっていた湾岸エリアがあてられていたこと、この地域はとりわけ交通やロジスティックを整備していくためのフロンティアのエリアだったことだ。

1 書き換えられる都市空間

　新国立競技場のデザイン案のコンペと建設は社会的論議を生み出した。一度コンペで決まったザハ・ハディド案がキャンセルになり、再コンペの結果、隈研吾のデザイン案で建設することになった。コンペのやり方などに問題を含んでおり、この一連の問題についてはすでに数多くの多様な議論がなされている。(4)ここでは、なかでもハディド案をめぐって争点になった「景観」や「神宮の杜」という場所に焦点を当ててみたい。というのも、新国立競技場は、八万人の観客を収容する巨大なナショナルスタジアムである。この国家的なアイコンになる公共建築が、神宮の杜という場所性との関係で、単なる建築の次元を超えて政治問題化したからである。

　ハディド案の新国立競技場が神宮の杜の景観を侵食するという問題提起が、槇文彦をはじめ建築家たちからあった。(5)しかし、景観への侵食がハディド案の反対の根拠になるかという点については、浅子佳英や五十嵐太郎が指摘するようにそれほど説得力があるとは思えない。(6)一九六四年のオリンピックで造られた国立競技場や周辺の道路も、当時強引な景観の分断をしていたからだ。そもそも公共建築は、それが都市計画の強力な意図を志向する場合は特に、その建築物が立地する周囲の景観や環境を暴力的に分断し再構成する。それは、ルフェーブルが空間の表象について述べたように、都市計画家や建築家、行政官などの行為主体によって描かれた未来像であり、権力が抱く表象を体現するものである。[7] オリンピックは、そうした空間的表象が提示される契機になる。

建設費が大きく予算をオーバーすることも問題になっていた。新国立競技場は、ＥＣＩ（Early Contractor Involvement）方式で建設するプロジェクトであり、ハディドはデザイン監修の立場だった。ＥＣＩ方式とは、設計段階から施工予定業者が工法などの技術的側面から関わり、工期やコストの削減を目指す方法である。設計も、日建設計などからなるＪＶ方式をとっていた。しかし、基本設計で千六百億円程度だった見積額が、実施設計ではおよそ二千五百億円に増加した。実際に予算額をオーバーした経緯は、ハディドのデザイン案だけに起因するのではなく、事業主体のＪＳＣ（日本スポーツ振興センター）や文部科学省などを中心にしたプロジェクトのフレームやマネージメント自体に問題があったとされる。[8]

もちろん、どのようなデザインがナショナルスタジアムにふさわしいのかは結果論でしかない。しかし、デザインの是非にかかわらず、オリンピックの開催は、建築的行為を必要としている。つまり、オリンピックは、単なるスポーツイベントではなく、それに伴う都市計画とインフラや建築物を作ることによって、空間の書き換えあるいは空間的な歴史の書き換えという象徴的な行為を同時におこなう建築空間的なイベントでもある。

死が公共化される場所

ハディドがデザインした新国立競技場は、独特の流線型のフォルムをもつ斬新なものだった。そのデザイン案は、明治以降造られてきた神宮外苑の杜に建設されるはずだった。岡田利規は、能―

歌劇の戯曲「挫波」に新国立競技場を登場させている。そのなかで次のようなアイ方の台詞が謡われる。

ザハが悪いんだ、世の中も雰囲気的にそれ黙認して、システム全体の、社会のそこかしこの、責任の耐えられない負わなさ。それが、ザハさんを殺したんだとその人は感じているとか、いないとか。それに対して申し訳なく思っているとか、いないとか。今、建とうとしている国立競技場は、あれ完成すると上から見たとき形が数字のゼロに見えるようになるらしいんですよ。だからあれはね、その人からすると、ザハのデザインがゼロに、ゼロ・ベースにされたことを忘れないために建てられた、巨大な碑《いしぶみ》なんだということだそうですよ。(9)

夢幻能の基本形は、物語の進行役を担うワキ方がシテ方と出会うところから能の舞台が立ち上がるものである。シテ方は、場所に取り憑いているいわば幽霊である。かつてその場所で起こった出来事がシテ方の登場とともに呼び覚まされる。いわば、場所に潜在化している固有な記憶や歴史が、舞台として立ち上がる劇形式である。

能―歌劇「挫波」で謡われる巨大な碑＝墓標としての新国立競技場は、単なるメタファーではない。この競技場が建っている場所で、かつて事件が起こっていたからだ。ハディドのデザイン案をめぐってバッシングがおこなわれた。メディアの報道は興味本位の狂騒曲化していた。彼女は、一方的なキャンセルとバッシングを受けたまま、二〇一六年三月に急逝した。戯曲「挫波」で語られているように、神宮の杜という場所で生じたのは一種の殺人譚だったということができる。[10]

岡田が能の上演で示したのは、「死の公共化」という問題である。「能の上演のフォーマットには、すぐれて政治的になり得るポテンシャル」[11]があるという。「挫波」には、二人のシテ方が登場する。日本の建築家（シテ）とハディド（後シテ）である。建築家は建つはずだったハディドの新国立競技場を幻視する。ハディドは何も言わず舞い、踊る。この二人のシテ方が観客に向けて作り出すのは、死者の舞台である。死が生じた出来事を現実の世界に表象＝公共化する。このように、能が死の公共化という政治性を表象するとき、一方では、政治的なるものが公共化し、他方でこの表象を生み出す場所性が問われることになる。つまり、能が、場所そのものの潜在性と密接に結び付いている劇形式であることを考えるならば、神宮の杜／外苑という場所性が問われなければならないのである。そして、死の公共化という観点からこの場所を考えたとき、ハディドをめぐる事件にとどまらない重層的な歴史性をこの場所は有している。そもそも神宮外苑は、明治神宮との対関係のなかで、何度も死が公共化された場所だからだ。

神宮外苑は明治天皇の死後祭られた明治神宮（内苑）と対になる公園で、青山練兵場跡地に造成された。陸上競技場は一九二四年に、野球場と相撲場は二六年に竣工し、すべての施設がこの年に完成する。表参道は、この内苑と外苑を結ぶ参道のことを指している。[12]つまり、明治神宮と神宮外苑からなるこのエリアは、明治以降の近代化のなかで建設された天皇制をめぐる宗教的な象徴性を内在している空間である。

戦前と戦後との接続

このように考えるならば、神宮の杜で問われていたのは物理的な自然環境ではなく、場所に固有な環境の象徴性だといえるだろう。その意味で示唆的なのは、一九六四年のオリンピックに向けて建設された丹下健三の設計による代々木体育館（国立屋内総合競技場）だろう。建築として現在でも衆目を集めるこの体育館は、吊り屋根方式を用いた独特な建築空間である。豊川斎赫は、この建築は、「「スタジアム」と「天幕」という出自を異にする二つのビルディングタイプの結合を目指した二十世紀建築の固有の挑戦であり、共同体を観客と屋根から、地上と天上から二重に強く組織する複合建築であった」と述べている。また、第一体育館と第二体育館のそれぞれの配置と関係の作り方も、丹下独自の「道空間」で結び付けられて観客に開放感や自由度を提供した。このような空間は、「オリンピックと戦後復興を祝福する二十世紀最高の天幕が代々木の地に舞い降り、建築、選手、観客、天皇が一体となった高次の有機体を生み出すことになった」[13]のである。

このように丹下が表現した建築空間は、「伝統」と「近代」との単純な接合ではなく、日本的な聖性を帯びた空間を戦後の新たな日本という社会的文脈にシンボリックに翻案したところに特徴がある。それは建築と建築物の空間的配置との複合性から、聖性をもたせるという効果を発揮する。こうした空間の象徴性は、丹下が戦時下の大東亜建設記念営造計画競技設計案（一九二四年）ですでに構想し習作していたものだった。片木篤によれば、代々木体育館の空間的な配置は、戦中の大東亜建設記念営造計画競技設計案の忠霊神域計画——皇居と富士山を視覚的に結び付ける手法を丹下自身が引用していて、明治神宮（内苑）に対して「外苑に設けられた明治神宮の拝殿という役割が与えられることで、代々木の森全体の「環境秩序」に収ま[14]」るものだった。

高度経済成長（一九五四―七三年）のなかで開催された一九六四年の東京オリンピックは、しばしば敗戦後の「復興から経済成長へ」というノスタルジックなナショナリズムの言説で語られる。しかし、このオリンピックのメイン会場になった国立競技場をはじめ、代々木体育館やその周辺に目を向けると、東京オリンピックは、「帝都」「皇都」「明治神宮」→「軍都」「戦争」→「敗戦」「占領[15]」という現代史を象徴的に切断＝再編成し、「戦後」という空間で覆うイベントだったことがわかる。しかし、それらは敗戦後のゼロからの出発というよりは、戦前、あるいは伝統＝近代と戦後社会とを天皇制を介して結び付ける空間的表象へと象徴的に空間を書き換える行為ということができるだろう。

一九六四年の東京オリンピックでは、このような空間の象徴政治がおこなわれた。そう考えると、ハディド案への嫌悪にも似た違和感は、六四年の東京オリンピックが歴史を再構築してみせた空間の表象に対する脱文脈化であると同時に、その再構築の過程で存続してきた統治の仕組み、すなわち神宮の杜の空間への象徴的な侵犯行為に対する感情を内包していたと見なすこともできるのである。二〇二一年に開催された東京オリンピックのヘリテッジゾーンとは、一九六四年東京オリンピックが残した施設の継承ではなく、建築と統治の政治的関係の継続だといえる。神宮の杜には、この政治的関係が潜在しているのである。

2 フローの空間としての東京——首都高と経済空間への書き換え

首都高という人工的生態系

一九六四年東京オリンピックに際して、競技場などの建築だけでなくインフラの分野でもさまざまな建築が進んだ。なかでも首都高速道路（首都高）に着目してみることにしよう。というのも、六四年の東京オリンピックとは、東京が経済的な空間へと変容していく契機になったからだ。

交通＝モビリティは、経済的な機能の主要な要素であることはいうまでもないが、首都高は交通の機能性だけではなく、ネットワークとして建設されているところに特徴がある。首都高は、一九六二年の京橋—芝浦間の開通を皮切りに、オリンピックの開催に合わせて羽田空港と国立競技場を結ぶ一号線、四号線、環状線の一部が開通。さらに、環状線と放射路線の組み合わせからなる道路網が七〇年ごろまでに完成する。八〇年代の後半には、東名高速道路や中央高速道路（現・中央自動車道）との接続、その後都心を取り囲むような中央環状線の建設が進み、現在では総距離が三百キロを超えている。[16]

地図で俯瞰すると、東京の都市空間は、この首都高によって骨組みができているかのようである。放射状の路線と環状の路線の組み合わせからなる網の目の形状は、いわば人工的に作られた「社会的地形」である。[17] かつてアンドレイ・タルコフスキーが、東京の首都高の未来イメージに魅せられた(18)ように、人工的な生態系には構造物が作り出す機能美がある。

このように映るのも、首都高がそれまであった東京の水系である日本橋川や神田川などの上に建設されているからだ。首都高は、社会のモータライゼーションで生じる渋滞の緩和を目的として建設が始まったといわれているが、建設用地の不足から、道路のための空間を水系の空中に確保するしかなかった。実際に首都高のほとんどは橋梁か、それができない場所は地下トンネルになっている。だから、首都高は網の目であると同時に空中と地下の立体的な構造になっていて、道路というインフラの効用以上に都市空間の骨格そのものになっている。

自動車のために作られた道路、とりわけ高速道路は、人々に利便性をもたらすだけの社会的インフラではない。重要なのは、移動すること自体にある。道路は、速く、広域に人が移動すること、モノを運ぶこと、あるいはそれらを自在にできるプロセスを提供する。そして、道路と道路とは常に複雑に接続され、一つの自律的な移動のシステムを形成している。ジョン・アーリーが述べるように、移動のシステムで中心をなすのは、「移動に関わる物（たとえば車両、電話、コンピュータ）ではなく、人、物、情報が循環する構造化された」乗馬道、歩道、自転車道、鉄道、電話線、公道、ネットワーク・コンピューター、ハブ空港のネットワークなどの「路線《ルートウエー》(19)」である。

さらに、こうした網の目状のネットワークと呼応して、二十四時間自由に移動できる時間のフレキシビリティを可能にする。つまり、人々は誰かが決めた時間に拘束されることなく、自動車の速度―時間で道路を自由に走ることができるようになる。自動車は、アーリーがいうようにそれが登場するまで主流だった鉄道の時刻表のような公的で定式的なクロック・タイムから、多様で流動的

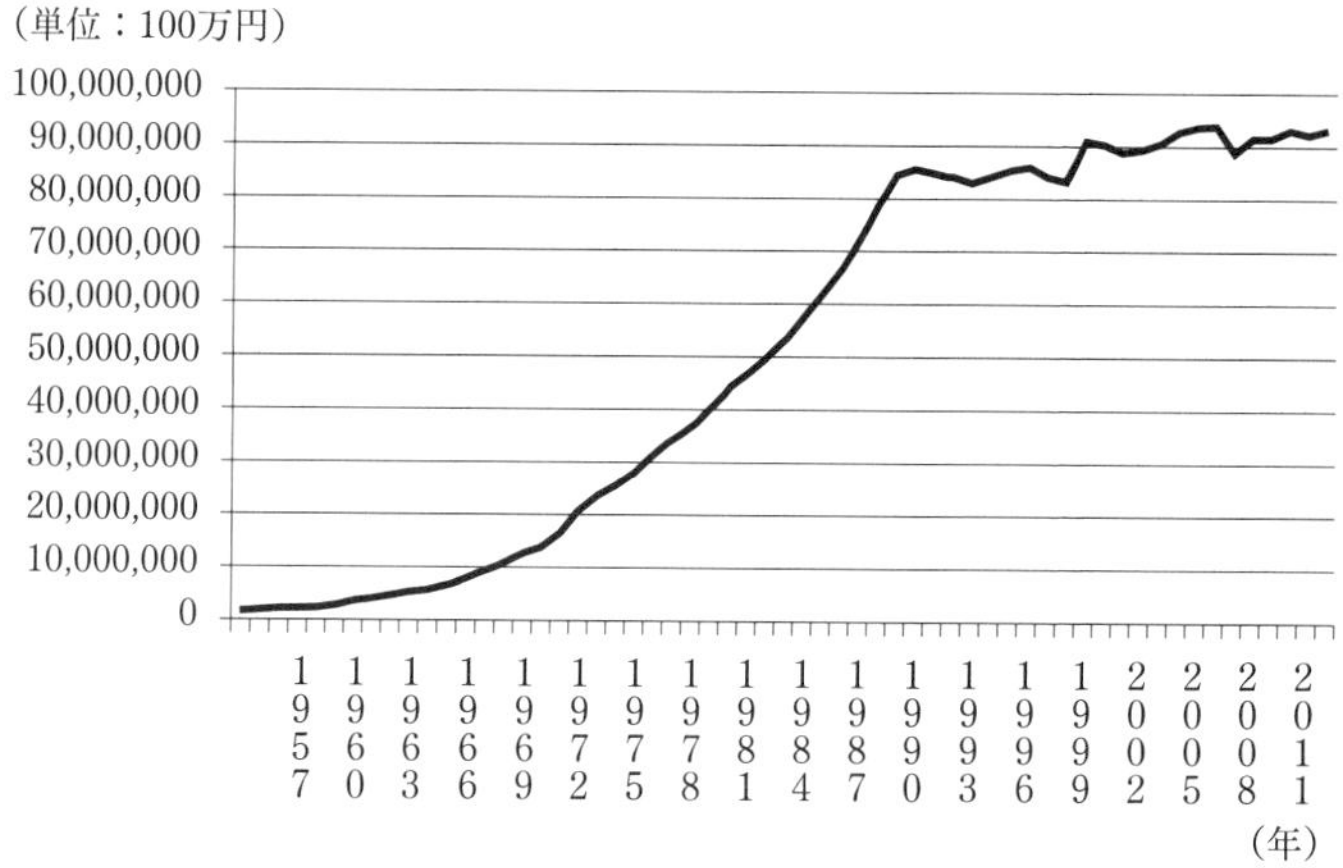

図5　東京都内総生産（GDP）推移
（出典：内閣府「県内総生産」統計をもとに著者作成）

で個人主義的な時間への再編成を促す。そしてこのことは、都市のなかで時間の秩序とともに共有されていた公共的空間を断片的なものにしていくことを意味している。[20]

交通とGDP

都市空間と公共的空間が重なり合うような状態から、都市空間と移動の交通網＝首都高の構造が重なり合う状態へと変容したとき、東京はフレキシブルな移動と物流が可能な経済的な空間へと変容しはじめたと見なすことができる。このことを以下の図５と図６のデータから検討してみよう。図５は、東京都のＧＤＰの推移を表している。図６は、首都高の延長の推移と交通量を表すグラフである。二つのグラフを比べたとき、まずわかるのはＧＤＰと首都高の交通量とが、ほぼ同じ推移を示していることである。一九九〇年ごろまでは右肩上がりに上昇するが、それ以降はほぼ横ばい

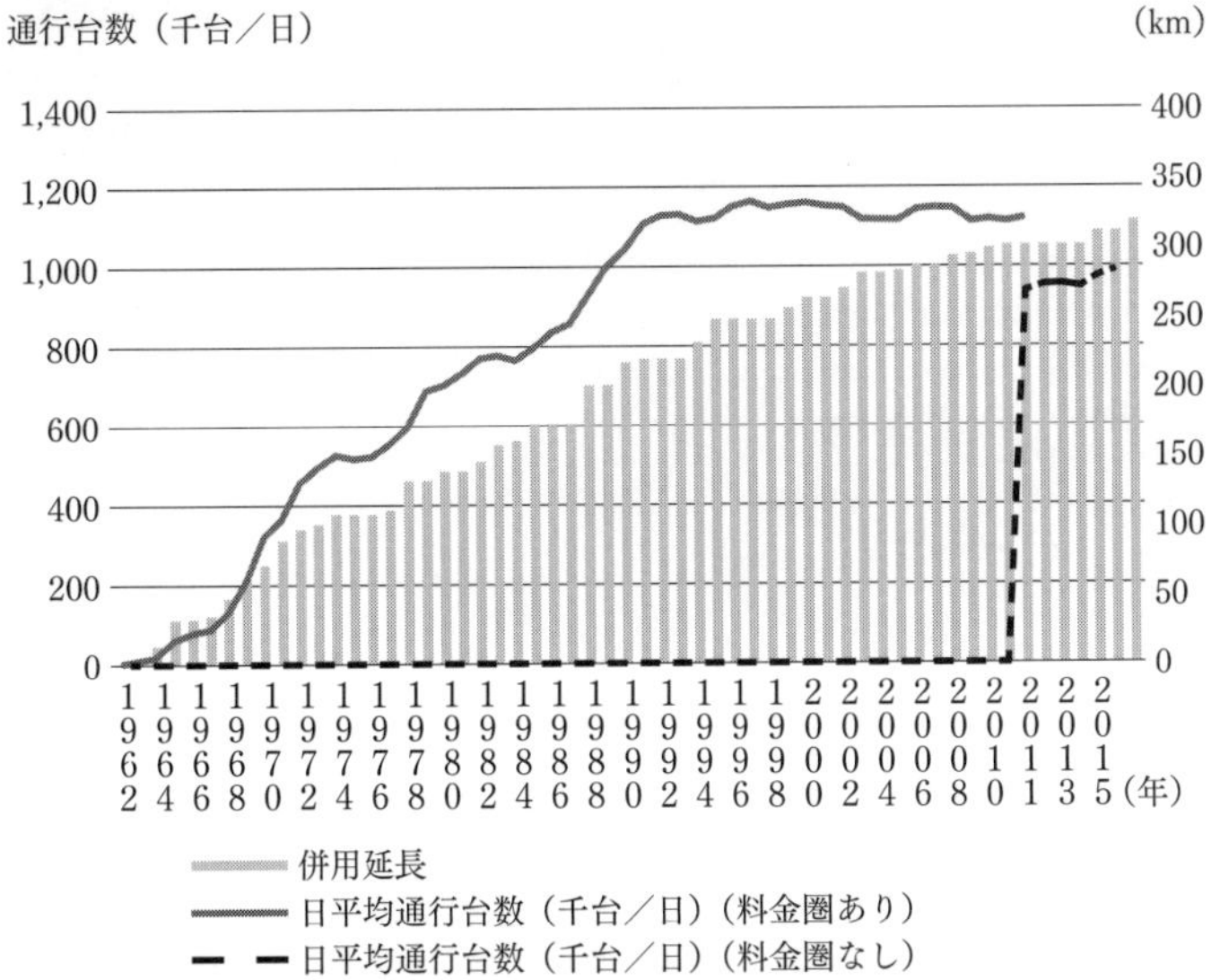

図6　首都高の延長推移と1日平均交通量の推移
2011年以降は、東京都内に乗り降りする交通量
（出典：首都高速道路データをもとに著者が作成）

に推移している。GDPと交通量との間に因果関係があるというのは早計だが、バブル経済が崩壊した九〇年代の初めには経済的パイも交通量のパイも飽和状態を迎えている。

首都高が経済活動を目的に建設されたのか、結果的にそのように利用されたのかについてはここでは本質的な問題ではない。むしろ重要なのは、首都高という交通のネットワークが可能にするモビリティによって、都市空間がアクティビティを獲得していることである。こうした交通ネットワークは、人やモノを運搬するために利用されるが、ネットワークのほうに視点を移すと、何かと何かを結び付け、そして結び付ける活動＝移動が絶え間なく連続する動的な状態（フロー）を指している。これについて、ルフェーブルは、都市の空間は「諸種のフローの相互関係を保証する役割を果たしている。たとえばエネルギーのフローと労働力のフローとの相互関係が、商品のフローと資本のフローの相互関係がそれである。経済が現実に定義されるのは、諸種のフローとネットワークの連接としてである」[21]と述べている。都市は、通信や交易の多面的なネットワークによって構造化されている。つまり、フローとネットワークとを結び付ける都市空間は、経済活動が現実化した姿なのである。

先にも述べたように、東京では一九九〇年前後から交通量もＧＤＰも横ばいの推移になった。都市の経済的な空間のパイが、一定の規模のなかに収まり始めたことを意味している。ということは、この時期から東京の空間は再び変容しはじめたことを示唆している。この変容期に何が生じたのか。実際には、経済成長が停滞したからといって、都市空間も同様に停滞するものではなかった。現在おこなわれているような都市の大規模な再開発がむしろこの時期から始まるのである。空間の生産のモードが変わり始める。このことを次節で検討しよう。

3　フローの空間としての都市――新自由主義化する空間

一九八〇年代後半以降、東京は新自由主義の政治行政のもとで再開発が進行する。それは、都市開発が市場原理によって進めていくために、政府が都市計画や建築基準、そして金融などの分野で規制緩和や開発特区の指定など積極的に関与していく過程でもあった。開発・運営主体や開発資金の主体の位置から国家が後退し、民間の経済セクターや金融資本が参入していく。[22] つまり、一連の新自由主義的な政策は、開発主体ではなく、開発を促すための行為主体として、以下でみるように機能しようとしてきた過程でもある。

一九八〇年代の中曽根内閣は、民間資本を活用した大規模な都市再開発であるアーバンルネサンス政策を進める。[23] そこで、都市計画や建築基準の規制緩和と国有地の売却がおこなわれた。[24] 国鉄や電電公社の民営化もこの一連の政策のなかに位置づけられる。こうした小さな政府化は、行政や財政問題を背景に公共的サービス領域での民間資本の活用だけを意味するものではない。九〇年代の後半以降に本格化する都市再開発の土地を市場に提供し、あるいは都市開発に社会の情報化を導入し、ICTネットワークやコミュニケーションの領域と市場とを接合させるものだった。こうした民活路線は、プラザ合意（一九八五年）による円高と金利低下も加わり、八〇年代後半からのバブル経済、地価の高騰とその後の崩壊を誘発する素地になった。

東京都の場合も同様に、一九七九年、当時の鈴木俊一都知事のもとで「マイタウン東京」に着手する。さらに、八六年に「世界都市」を標榜した「第二次東京都長期計画」を発表した。これは東京を「多心型都市構造」へと再構造化することを目的に、新宿、渋谷、池袋、上野・浅草、錦糸町・亀戸、大崎を副都心として重点的に開発しようとするものだった。そして、多心型都市構造の重要地点の一つが臨海地域だった。[25]

副都心構想と前後して臨海地域に東京テレポート構想が計画される。東京テレポート構想とは、

「通信衛星からの電波の受信施設、通信処理と情報加工・処理を行うコンピュータ・センター、そしてそれに関連するオフィスビル群[26]」からなるテレコミュニケーションの拠点を臨海地域に建設しようとする計画だった。これは、「都市成長と都市開発の切り札」と見なされた。この臨海地域の開発は第三セクター方式と「新土地利用方式」を採用している[27]。

その後、一九九〇代年の初めにバブル経済が崩壊する。臨海地域の開発の動力の一つとして計画されていた世界都市博覧会は、九五年の青島幸男都知事の誕生とともに中止された。同時に、テレポート構想などの臨海地域の開発主体だった第三セクターが破綻する。土地利用方式で開発することは、税金を使わずに臨海地域の土地の借地料やビルの賃料を開発資金として運用していこうとするものであり、比喩的にいえば、バブル経済の土地の値上がりを見込んで東京都とその第三セクターがいわば不動産業やゼネコンのようなことを試みたのである。

二〇〇〇年代以降の湾岸開発

都市の再開発は、第1章でみたように、二〇〇一年の小泉内閣の発足とともに本格化する。都市再生特別措置法の施行によって「都市再生緊急整備地域」を政令で指定し、開発事業主体を民間の業者まで広げる。これらの整備地区は、容積率、傾斜制限、高さ制限などの規制を適用外にする。つまり、現行の建築基準法や都市計画法はそのままにし、整備地区を建築基準法や都市計画法から制約を受けない、建築自由と空間の自由市場を推進する。

同じ時期に東京都は、石原慎太郎都知事のもとで「世界都市戦略」を掲げた「東京構想二〇〇〇」を提示する。ここで示された都市空間の表象は「環状メガロポリス構造」であり、都心から六十キロ圏内の交通ネットワークを整備しようとするものである。また、翌年の二〇〇一年に「東京ベイエリア21」を策定する。臨海地域は、羽田空港の臨空地域と東京湾の港湾地域も含めて広域交通ネットワークの開発対象とされた。関耕平が指摘するように、石原都政はインフラの社会的整備を重点化し、〇七年以降は「バブル期に見られたような大規模開発型財政へと着実に変貌[28]」した。

現在、東京をはじめとした都市圏で大規模な開発がおこなわれているのは、「国家戦略特別区域」が直接関与している。この特別区は、国家と自治体が直轄する都市計画的テクノロジーにほかならない。このテクノロジーは、スクラップ・アンド・ビルドの手法を使いながら「空地」を作り出す。そして、空地に容積率が一四〇〇パーセントとか一六〇〇パーセントという高層の建築物を生み出していく。こうした再開発にとって重要なのは、空中が開発の対象になっていることだろう。東京の郊外では一九九〇年代以降に開発の拡大が停滞したこととは対照的に、新たな再開発の空地を空中に見いだしてきたのである。

特別区は、都市開発だけでなく医療、労働、農業、観光などの広い領域で規制緩和を進めるもので、都市圏を中心に日本各地に指定されている。二〇〇〇年代初めの都市再生特別措置法を引き継ぐものであり、ターゲットを定めたいくつかの地域を直接、市場に開放していくものである。東京都内では、二〇年の東京オリンピックにスケジュールを合わせ、都市計画上の特例地域は、虎ノ門、大手町、日比谷、品川など十三地区を指定し、高層で大規模な再開発を進めている。いずれも、国際都市としての競争力を強化することを謳ったものである。

このように政策的に開発の条件が整えられた東京の都市空間は、高層化や物理的な空間のボリュームが大規模なものへと変容してきた。結果、不動産が動産化され、空間が商品化される。戦後の日本社会は土地や不動産の売買によるキャピタルゲインによる資産形成が主流になってきた。しかし、一九九〇年代後半から土地や建築空間の運用によるインカムゲインへとシフトしてきた。つまり、対比的にいえば、土地や不動産の所有者が利益を得る仕組みから、場所や建築空間に投資する国際的な資本が利潤を得る仕組みを構成してきたのである。

このことは、その量的な建築空間のボリュームに反して、利潤をもたらすだろうが冒険をしないデザインの建築が増加することを意味している。五十嵐太郎は、グローバル化のなかで中近東や中国、アジア諸国でアイコンを強調する建築が増加していることと比較して、「規制緩和を受けた東京の再開発では、超高層を含んでいたとしても、それ自体はけっしてめだとうとしない。生徒会長に立候補しない優等生のようなビルばかりだ。ザハ・ハディドの新国立競技場案が白紙撤回になったことでアイコン建築を忌避する傾向は決定的になり、さらに出る杭は打たれる雰囲気は蔓延するだろう(29)」と指摘している。一九六四年の東京オリンピック前後以降の前衛的な建築の数の多さと比べて、経済的合理性に依存する現在の都市開発の文脈では、開発や建築の自由が推進される一方で、より一層、建築が凡庸なものになっているのである(30)。

フローと都市空間

商品化される空間、投資の対象になり資本生産性が重視される空間という状況を前にしたとき、私たちは空間そのものの認識の変更を余儀なくされる。おそらく、都市と空間との関係が変わってきているのである。この関係の変容をマニュエル・カステルのフローの概念を手掛かりにして考えてみよう。

カステルは空間を次のように定義する。「空間は、共有された時間のなかで行われる社会的実践を物質的に支える[31]」ものである。つまり、個々それぞれ異なった社会的な実践が同じ時間のなかで成り立つのは空間があるからだ。空間が実践との関係で物質的なものであることは、具体的な建築空間を考えればいいだろう。例えば、モールという空間は、買い物をする、食事をする、ゲームをするなどのそれぞれの行為が、ある同一の時間のなかで集まっているからこそ成り立っている。

さらにカステルは、現在の情報社会・ネットワーク社会のなかで、社会的実践を支える空間の新しい形式が生まれてきたことに注目する。この新しい空間の形式を「フローからなる空間（the spaces of flows）」と呼ぶ。私たちの社会は、資本や情報、テクノロジー、組織的な相互関係、イメージ、音、シンボルなどのさまざまなフローに取り囲まれて構成されている。「それらのフローとは私たちの経済や政治、象徴的な生活を支配・統治するプロセスの表現である[32]」と述べる。

カステルの指摘に基づくならば、社会的実践にとって空間が物質的な支えになっていたように、さまざまなフローを一つの時間のなかで凝集するような物質的な支えがあるはずである。つまり、私たちの生活に影響を与え、支配的なフローが作用する空間があるといえるだろう。

フローからなる空間とは、個々それぞれの社会的実践――これらの実践はフローを通して作用

する——を組織化する物質的なものである。(33)

このような問題設定をするカステルの議論で重要なのは、私たちの生活がさまざまなフローに囲まれ、そのフローによって経済や政治、あるいは象徴的な次元も含めて統治されるということ、つまりフローこそが社会に影響を与え、支配していく社会になっているということである。そして、こうしたフローが集められる空間を物質的なものと捉えていることである。カステルは、フローの空間をさらに次のような三つの層から捉えた。

第一に、電子的な交換／コミュニケーションの回路。情報テクノロジーに基づいた、ネットワークであり、それ自体では場所をもたず、さまざまなフローの交換によって、ネットワークのなかで自らの位置が定義される。つまり、コミュニケーションのネットワークが空間的形態になる。ネットワークとして作られる技術的なインフラが、新たな空間の範囲になる。産業社会では鉄道が経済的地域やナショナルマーケットを形成したり、商人資本主義や民主主義が都市の範囲を形成したりしたが、電子的な技術のインフラではフローのネットワークそのものとして現れ、その構造と中心は権力によって決定される。

第二に、ノードやハブなどのネットワークを可能にする結節点によって構成される。この点で、フローの空間は構造的なロジックという特徴をもつようになる。つまり、電子的ネットワークはさまざまな場所を結び付ける。それらの場所は、ネットワークでは交換やハブの機能を担う場合がある。例えば、アメリカのニューヨークのロチェスターやミネソタ、あるいはフランスのビルジュイフは、医学的治療や健康研究の中心的なハブとなってネットワークの機能を担う。

このフローの空間の表象として典型的なものがグローバルエコノミーのネットワークであり、グローバルシティは一つの場所として固定的にあるのではなく、フローの動的な作用として機能しているといえるだろう。こうしたフロー空間を構成するネットワークは多様で多元的だが、相互の機能的な関係や階層的な関係として特徴づけられるのである。グローバルシティはフローの空間のハブが置かれる場所として、つまりネットワークのロジックのなかで定義づけられる。

第三に、ネットワークのなかで支配し、マネージメントするエリートが空間的に拡張した組織である。この場合のエリートは、特定の社会を形作る階層という意味の支配層ではない。世界の隅々にまで空間的に浸透するような権力と富をもち、ネットワークのロジックとその機能で支配的な位置を占める存在である。こうしたエリートたちが発揮するグローバルな権力は、国家や地域に根差す社会的・政治的でドメスティックな権力によってコントロールすることができない。フローの空間は、情報社会に生きるエリートたちの欲望や関心と実践を支えるものである。

こうした三つの位相が成立する場所が、メガシティとかグローバルシティと特徴づけられる都市である。いわば、フローからなる空間の物質的・具体的なシステムが、現代の「都市」である。例えば、インターネット上で流れる情報や資本や金融のフローは、ノードやハブとしての機能を使って都市を経由する。もしその機能がなければフローは都市を通過していくだけである。都市を経由していくことは、経営や取引をするビジネスの中枢的な企業・組織が存在することを意味している。あるいは、資本や金融を取引する証券市場などの金融市場が存在していることになる。つまり、フローが集められる空間。それが、メガシティやグローバルシティであることの資格を付与する。

フローから捉えるならば、都市は二重の位相からフローの空間として構成されていることがわかる。一つは、先に空間の商品化に関連して論じたように、一九九〇年代以降の東京の都市開発のモードが、間接金融から直接金融へ、つまり資本のフローと直接結び付くことで都市開発が推進される点である。都市はいわば、文字どおり投資の対象になる。第二に、フローが集積する空間になりうるかという位相である。サスキア・サッセンはニューヨークやロンドン、東京などのグローバルシティの特徴の一つに、都市の不動産が国際的な不動産市場として形成されていることを挙げていたが、彼の指摘は、都市が二つの位相からなるフローの空間であることを端的に示している。(34) 投資の対象であると同時に、取引をする空間。あるいは、空間は自らが投資の対象になり、さまざまな資本を集める条件にもなる。だから、スクラップ・アンド・ビルドを必要とし、建築空間を必要とする。フローという位相から都市を捉えるならば、歴史性とか場所に根差した固有性など重要ではない。例えば「TOKYO」はフローにとって投資や儲ける対象になるかどうかが重要なのであり、そうであれば資本のフローが集まる空間になる。だから、グローバリゼーションのなかで都市は、どれだけフローを集める空間になりうるのか競っているのだ。

フローの空間と都市開発が接続すると、都市空間のジェントリフィケーションが進行する。そのとき、先にも述べたように強引な都市計画と権力のテクノロジー、過剰な資本、さらに過剰な建築やICTのテクノロジーが空間を再編成していくようになる。現在進行している都市開発は、資本、テクノロジー、モノ、人、そして権力のフローをあらためて集めようとする。都市とは、その意味でフローの空間のなかの一つの「領域」なのだ。だから、都市はこのフローを滞らせてはいけない。したがって、都市再開発はフローのなかでおこなわれ、また、フローが循環するためにおこなわれるということもできるだろう。

4 二〇二〇年オリンピックの空間

東京都は、二〇二〇年オリンピック・パラリンピックの開催によって三〇年までにもたらされる経済効果を次のように試算している。東京で、直接的効果は約三兆四千億円、レガシー効果が約十七兆円。全国では、直接的効果が約五兆二千億円、レガシー効果が約二十七兆円(35)。レガシー効果というレトリックを用いているが、いわゆる付随的な経済効果のことを指し、開催後に残されたオリンピック施設がもたらす経済効果ではない。具体的には、交通インフラの整備や都市再開発、そこに関わる民間投資、観光客の増加、スポーツの産業化などを見込んだ試算である。

こうした試算にどれだけ蓋然性があるかは、実際のところ定かではない。しかし、ここで注目したいのは、直接的効果と付随的効果との比率がおよそ一対五になっている点である。オリンピックそのものというよりも、それに付随する経済効果の試算のほうが圧倒的に大きい。付随効果として分類されるものは、オリンピックがきっかけになって生じると考えられる場合もあるが、直接関係をもたないものが多い。オリンピックのスケジュールと並行する開発や、オリンピックに何らかの形で関連するものを集計して試算していると考えるべきだろう。その意味では、オリンピックが何かをもたらすというよりは、オリンピックもまた数々の都市再開発やそのキャンペーンのうちの一つのイベントである。

このことを施設や建築物の建設費の対比からみてみよう。オリンピックのために新たに建設される新国立競技場は約千五百億円、オリンピックアクアティクスセンター（水泳用プール）の建設費は約四百七十億円、バレーボールの会場になる有明アリーナは約三百六十億円と試算している。それに対して、例えば、国家戦略特区の一つである虎ノ門ヒルズの建設費は約四千億円[36]、大手町の常盤橋地区の再開発は約四千九百億円と試算している[37]。建設費や事業費の面でも比較にならないほど、オリンピックと並行して進められる再開発のほうが規模が大きい。公共施設であるオリンピック会場は税金などの公的資金を使い、都市再開発には民間の資本を投資するという違いがあるが、この二つの建設には直接的な因果関係は存在しない。

だが、オリンピックに直接関係する施設の建設とそれに付随する開発との関係にこそオリンピックの特徴がある。もちろん二〇二〇年の東京オリンピックは、一九六四年のような開発型のオリンピックではない。六四年の場合は、主催が東京都だったが、実際は事実上国家的なイベントとして開催され、空間の開発主体は国家が前面に出ておこなった。一連の開発が相関していたのは、敗戦や貧困、そこからの復興や経済成長であり、開発の対象は東京という都市にとどまらず国土全体に及ぶものだった。六四年と二〇二〇年との間には、空間的には表象や開発の行為主体をみると大きな違いがあるが、オリンピックと開発とが結び付いていることや、オリンピックが経済的効果の言説とともに語られるという点では、その過剰さは決して減じてはいない。つまり、これまで論じてきたような新自由主義が浸透した現在の社会では、オリンピックというイベントをより強く必要としているといえるだろう。

本章第1節でみたように、オリンピックには空間の表象をもたらす強固さはもうないのだ。ハディドがデザインした新国立競技場が建設されなかったことが端的に物語るように、空間の表象は新自由主義の経済原理に応えれば応えるほど、デザインの固有性が失われて凡庸になっていく。だから、一九九〇年代以降の都市開発の新自由主義化の文脈のなかで考えたとき、オリンピックは都市空間をフローの空間へと媒介するシンボリックなメディアイベントだといえる。それは、東京の都市空間をフローの空間へと改造することを意味している。あるいは、人、モノ、情報、資本のフローが循環する資本生産性が高い空間を作り出すことを意味している。フローの空間のなかのオリンピック、グローバルシティというアイコンとしてのオリンピックは、日本国内の関係というよりは国際的なネットワークの関係のなかに位置するものとして捉えられるだろう。

ベイゾーンのオリンピック会場

オリンピック会場が集まる臨海地区を俯瞰的にみると、二〇二〇年の東京オリンピックの主要会場は、臨海地域全体のほんの一部分でしかないことがわかってくる。お台場から有明にかけての内陸部に近い場所、かつて東京テレポート構想などが破綻したエリアに、プールやアリーナなど仮設施設も含めて多くの会場が建設される(38)。しかし、この臨海地区は、東京にオリンピック招致が決定する以前の〇〇年代の初めから、羽田空港の拡張や大井埠頭などの港湾施設の整備が進められてきた。それは、前節でみたように石原都知事の広域交通ネットワークの開発の一環として進められてきたものだった。臨海地域とはいわば、空港と海運、さらに道路交通網を連接させるロジスティックとしてのモノと人のフローのためのネットワーク地域である。

地図をみると、オリンピック会場が集まる地区と物流地区との境界になっているのが、湾岸道路と呼ばれる首都高速部分である。内側が有明や晴海、豊洲。外側が羽田空港や大井埠頭。そして、オリンピック会場の東側を首都高速中央環状線や九号深川線、西側を首都高速羽田線、北側を首都高速七号小松川線が走っている。首都高速道路はオリンピックのためにあるのではなく、物流とフローのためのインフラである。つまり、首都高速道路に取り囲まれた「空地」がオリンピック会場だといえるだろう。オリンピック後には、これらの首都高速道路周辺はその表情を変えていくだろうが、オリンピックはこの物流（フロー）空間の空地で開催されるともいえるだろう。

こうしたフロー——物流も資本や金融も——は、開発としてはさほどオリンピックには関心を向けず、冷淡にオリンピック会場の周辺を移動するだけだろう。むしろフローにとって重要なのは、前述したようにオリンピックのための諸施設の建築ではなく、都市の再開発を促すオリンピックであり、オリンピック開催に誘導される形で進められる都市再開発と、ハブ化をもくろむ空港や港湾である。

だが、オリンピックを過小評価すべきではない。オリンピックは未来を空間的に表象するイベントではなく、フローのための手段として位置づけられるといってもいい。翻っていうならば、オリンピックは固有な場所性を必要としない。直接的で情動的なナショナリズムのスペクタクルという意味ではオリンピックが情報のフローそのものであるといえるだろう。

オリンピックによって再編成される空間は、剝き出しのフローの欲望を表象する。ここであらためて冒頭の問いに戻ろう。経済成長が見込めないにもかかわらずおこなわれる都市開発は、むしろ経済成長とは無縁のなかで続けられるのではないか。それは、経済成長をめぐる言説の行為主体に関わる事柄である。つまり、都市開発から恩恵を受ける一握りの金融資本とその行為主体（エリート）にとっては投資の対象になる。これらの行為主体にとっては、国の経済成長とはそもそも重なり合うことはないのである。フローは、カステルやアーリーがすでに述べているように、流れ続けることに自己準拠し、自らの利益に向けて国民国家を単位とした経済成長などといった言説をいとも簡単に横切っていく。

新型コロナウイルスのパンデミックによって二〇二〇年東京オリンピックが延期され、二一年四月時点でパンデミックが継続しているなかで、海外からの観客の受け入れを断念し、徹底的に縮小した開催かそれとも中止かという間で揺れ動いたものの、結局は開催された。すでにその経済効果の見積もりは前提を失っていて、むしろ膨大な経済的な赤字の規模が問題になっている。しかし、先にも述べたように、金融フローは経済成長のためにあるのではなく、一つの国や都市の経済成長は投資の指標であり手段であることを考えるならば、フローの欲望は別の都市へと移動していくだろう。

オリンピックによって取り残された都市の負債は、そこで営む人々の社会のほうへと跳ね返ってくる。それは、負債だろうと経済成長だろうと構造的には同じである。負債の返済や成長を担うのは消費や利用、観光、労働、納税などをおこなう人々である。マウリツィオ・ラッツァラートの言明を借りるならば、先行して投資（投機）された再開発という「負債」を返済するために人々が組み込まれていくのである。[39]つまり、投資の利潤は人々の労働や消費によってもたらされ、経済成長とはこのような負債の返済のことを指している。

フローが滞ったとき、いともたやすく都市空間は「空洞」化してしまう。この空洞は未来に起こるものではない。すでに社会のなかで経験され既視されてきた。二〇二一年に開催された東京オリンピックは、そうした経験を私たちにもたらしている。

注

（1）さまざまなところで統計資料を通じて指摘されているように、戦後の一九五〇年代から七三年のオイルショックまでは、経済成長はGDPで一〇パーセント前後を推移し、九〇年までは五パーセント前後、九一年以降は一パーセント前後、あるいはマイナス成長を経ている。

（2）例えば総務省「平成22年版 情報通信白書」(https://www.soumu.go.jp/johotsusintokei/whitepaper/ja/h22/html/md311000.html)［二〇二〇年十二月一日アクセス］。

（3）阿部潔『東京オリンピックの社会学——危機と祝祭の2020JAPAN』コモンズ、二〇二〇年、七一—七九ページ

（4）例えば日経アーキテクチュア編『「新国立」破綻の構図——当事者が語る内幕』（日経ＢＰ、二〇一五年）。あるいは、ウェブ版「建築討論」の「デザインビルドとは？——新国立競技場問題の基層」（「第9回けんちくとーろん＋A-Forum 第11回フォーラム共催／建築の設計と生産——その歴史と現在の課題をめぐって01」〔http://touron.aij.or.jp/2016/04/1827〕［二〇二〇年十二月二十日アクセス］）では、新国立競技場でおこなわれた「デザインビルド」の設計・建設方式をめぐって国際比較の視点を挟みながら長時間にわたって議論している。日本型デザインビルドは新国立競技場に限らず、特に東京などの都市圏の開発で用いられる方式である。また、飯島洋一『アンビルトの終わり——ザハ・ハディドと新国立競技場』（青土社、二〇二〇年）は、ザハ・ハディドと新国立競技場の問題だけでなく、「アンビルト」というフレームから建築と建築家を建築史・思想史的に問い直している。

（5）槇文彦／大野秀敏編著『新国立競技場、何が問題か——オリンピックの17日間と神宮の杜の100年』平凡社、二〇一四年

（6）槇文彦／内藤廣／青井哲人／浅子佳英／五十嵐太郎／松田達「新国立競技場の議論から東京を考える」「10 + 1website」ＬＩＸＩＬ出版（http://10plus1.jp/monthly/2014/11/pickup-01.php）［二〇二〇年十二月二十日アクセス］

（7）一九六四年のオリンピックは、神宮の杜や隣接する代々木や青山も含めた周辺一帯の景観そのものを再構築していた。それは端的にいって、戦争の軍事体制と敗戦による占領という歴史を東京オリンピックによって空間的に書き換えることを意味していた。例えば、現在の代々木公園やＮＨＫ放送局がある場所は、六四年東京オリンピックでは選手村として使用されたり、オリンピック競技施設の代々木体育館が建設され、それ以前の占領下ではワシントンハイツと呼ばれたアメリカ軍の住宅だった。さらにその前の戦時下では、代々木練兵場であり軍隊の広大な敷地だった。また、よく知られて

いるように、戦前の軍隊施設だった場所が、戦後になって公園へと変貌した事例はほかにも、日比谷公園（陸軍練兵場）、戸山公園（陸軍練兵場）、光が丘公園（アメリカ軍グラントハイツ、成増飛行場）などがある。詳細は、片木篤『オリンピック・シティ東京 １９４０・１９６４』（「河出ブックス」、河出書房新社、二〇一〇年）などを参照のこと。

（8）前掲『「新国立」破綻の構図』二四〇―二七一ページ

（9）岡田利規『未練の幽霊と怪物 挫波／敦賀』白水社、二〇二〇年、一〇三ページ

（10）ザハ・ハディドが急逝したとき、磯崎新は次のような追悼文を書いている。「〈建築〉が暗殺された。／ザハ・ハディドの悲報を聞いて、私は憤っている。／三十年昔、世界の建築界に彼女が登場したとき、瀕死状態にある建築を蘇生させる救い主があらわれたように思った。／彼女は建築家にとってはハンディキャップになる二つの宿命―異文化と女性―を背負っていたのに、それを逆に跳躍台として、張力の漲るイメージを創りだした。ドラクロワの描いた三色旗にかわり、〈建築〉の旗をもかかげて先導するミューズのような姿であった。その姿が消えた、とは信じられない。彼女のキャリアは始まったばかりだったではないか。／デザインのイメージの創出が天賦の才能であったとするならば、その建築的実現が次の仕事であり、それがいま始まったばかりなのに、不意の中断が訪れた。彼女の内部にひそむ可能性として体現されていた〈建築〉の姿が消えたのだ。はかり知れない損失である。そのイメージの片鱗が、あと数年で極東の島国に実現する予定であった。／ところがあらたに戦争を準備しているこの国の政府は、ザハ・ハディドのイメージを五輪誘致の切り札に利用しながら、プロジェクトの制御に失敗し、巧妙に操作された世論の排外主義を頼んで廃案にしてしまった。／その迷走劇に巻き込まれたザハ本人はプロフェッショナルな建築家として、一貫した姿勢を崩さなかった。だがその心労の程ははかり知れない。／〈建築〉が暗殺されたのだ。／あらためて、私は憤っている」

（「磯崎新さんによるザハ・ハディドさんへの追悼文」〔https://ameblo.jp/mori-arch-econo/entry-12147510582.html〕［二〇二一年二月十日アクセス］）

（11）前掲『未練の幽霊と怪物 挫波／敦賀』一三五ページ

（12）明治神宮の建設については、山口輝臣『明治神宮の出現』（〔歴史文化ライブラリー〕、吉川弘文館、二〇〇五年）、今泉宜子『明治神宮――「伝統」を創った大プロジェクト』（〔新潮選書〕、新潮社、二〇一三年）を参照のこと。

（13）豊川斎赫『群像としての丹下研究室――戦後日本建築・都市史のメインストリーム』オーム社、二〇一二年、一七七―一八一ページ

（14）前掲『オリンピック・シティ東京 1940・1964』一五六ページ

（15）前掲『都市に聴け』九六―一三二ページも参照のこと。

（16）家田仁／安藤憲一／小菅俊一編、土木学会50＋50特別シンポジウム実行委員会『東海道新幹線と首都高――1964東京オリンピックに始まる50年の軌跡 その意図、成果、そして未来に向けた新たな飛躍』（土木学会、二〇一四年）を参照。

（17）若林幹夫『郊外の社会学――現代を生きる形』（ちくま新書）、筑摩書房、二〇〇七年

（18）『惑星ソラリス』監督：アンドレイ・タルコフスキー、一九七二年。そのほかにも、ヴィム・ヴェンダース監督の『東京画』（一九八五年）やソフィア・コッポラ監督の『ロスト・イン・トランスレーション』（二〇〇三年）などでも首都高速道路を描いている。

（19）ジョン・アーリ『モビリティーズ――移動の社会学』吉原直樹／伊藤嘉高訳、作品社、二〇一五年、八二ページ

（20）ジョン・アーリ『社会を越える社会学――移動・環境・シチズンシップ 改装版』吉原直樹監訳

（叢書・ウニベルシタス）、法政大学出版局、二〇一五年、一七八―一八一ページ
(21) 前掲『空間の生産』四九九ページ
(22) このことは、都市から公共的なサービスが提供される割合が減り、商業主義的なサービスの割合が増加していくことを意味している。一九八〇年代の国鉄や電電公社の民営化、二〇〇〇年代の郵政の民営化、近年の公園の民営化などはその典型である。
(23) 一九八〇年代の中曾根康弘内閣の民活に先駆けて、ＪＰＩＣＳ（日本プロジェクト産業協議会）が七九年に発足している。この団体は鉄鋼や建設業界を中心に組織された、規制緩和や都市計画の政策提言をおこなう、政府と一体になった業界団体である。
(24) 石田頼房『日本近現代都市計画の展開――1868―2003』自治体研究社、二〇〇四年
(25) 臨海地域の開発計画の詳細については、前掲『「世界都市」東京の構造転換』、関耕平「世界都市・東京と臨海部開発――石原都政期における都財政分析を中心に」（立命館大学経済学会編「立命館経済学」第五十九巻第六号、立命館大学経済学会、二〇一一年）を参照のこと。
(26) 前掲『「世界都市」東京の構造転換』一四三―一四四ページ
(27) 「新土地利用方式」とは、臨海地域の土地の所有者である東京都が、土地の借地料や権利金を開発資金に運用していこうとするものである。
(28) 前掲「世界都市・東京と臨海部開発」
(29) 五十嵐太郎『建築の東京』みすず書房、二〇二〇年、四九ページ
(30) 類似したモチーフから、「メイド・イン・トーキョー――建築と暮らし1964／2020」展が、アトリエ・ワン（塚本由晴・貝島桃代）と神谷幸江によって、ニューヨークのジャパン・ソサエティーで開催された。

(31) 前掲『都市・情報・グローバル経済』四四一ページ

(32) 同書四四一―四四二ページ

(33) 同書四四二ページ

(34) サスキア・サッセンは、グローバルシティの特徴を次のような四つの機能を担う都市と指摘している。①世界経済の指令塔の密集、②製造業にかわって経済の中心になった金融セクターと専門サービスセクターにとって重要な場所になること、③金融や専門サービスという主導産業の生産の場所として機能する、④生産した製品とイノベーションを売買する市場として機能する。サスキア・サッセン『グローバル・シティ――ニューヨーク・ロンドン・東京から世界を読む』伊豫谷登士翁監訳、大井由紀／高橋華生子訳（ちくま学芸文庫）、筑摩書房、二〇一八年、四四―四五ページ

(35)「東京五輪の経済効果、全国で32兆円 都が30年まで試算」「日本経済新聞」二〇一七年三月七日付（http://www.nikkei.com/article/DGXLZO13742810X00C17A3EA1000/）［二〇一七年五月二十四日アクセス］

(36)「【開発】森ビルが虎ノ門に超高層3棟4000億円、外需呼び込めるか」「日経不動産マーケット情報」二〇一六年四月十四日（http://kenplatz.nikkeibp.co.jp/atcl/nfmnews/15/041401006/）［二〇一七年五月二十四日アクセス］

(37)「三菱地所／大手町二丁目常盤橋地区再開発（東京都千代田区）／都が施行認可」「日刊建設工業新聞」二〇一六年九月二十九日付（http://www.decn.co.jp/?p=77187）［二〇一七年五月二十四日アクセス］

(38)「東京新聞 TOKYO Web」二〇一七年四月二十日付によれば、次のような試算を東京都は公表している。オンリンピックに際して東京都が建設する恒久施設六施設のうち、有明アリーナを除いて五施

設（オリンピックアクアティクスセンター、海の森水上競技場、カヌー・スラローム会場、大井ホッケー場、アーチェリー会場）は、大会後の年間収支が総額で十億八千万円の赤字が見込まれているという（http://www.tokyo-np.co.jp/article/feature/tokyo_olympic2020/list/CK2017042002100009.html）［二〇一七年五月二十四日アクセス］。

（39）マウリツィオ・ラッツァラート『〈借金人間〉製造工場——〝負債〟の政治経済学』杉村昌昭訳、作品社、二〇一二年

第3章　囲われる空間のパラドックス

1　生活を囲い込むこと

二〇〇〇年代に入ってセキュリティ・タウンやセキュリティ・マンションが、都市部に限らず日本各地に建設されている。それらは、防犯を向上するためのさまざまな建築的テクノロジーや電子テクノロジーが集約された集住の空間である。こうしたセキュリティ型の集合住宅は、外側に対して内側の空間の安全を高めるためにゲートや柵で生活空間を囲んでいたり、監視カメラを設置していたり、専門の警備員が常駐するなどの特徴をもっている。

セキュリティ型の集合住宅は、現在、日本の市場でトレンドになっているが、その背景には二〇〇〇年代に入った時期に治安の悪化やテロの脅威に関する社会的言説が広く普及し、治安維持（ポリシング）が社会的関心事になってきた事情がある。「安全・安心を提供する住まい」の言説は、まず何よりも防犯との結び付きで語られる。

そしてもう一つ重要なのは、安全への社会的関心がリスク社会の文脈と密接に関連していることである。それは、セキュリティ型集合住宅に投入されるテクノロジーが主に防犯や予防を目的としていることに端的に表れている。このテクノロジーは、予期せぬ出来事を察知しようとするものであることや、危険な出来事が身近な生活空間のなかで生じる確率をどう低くするのかをもくろんでいる。

リスクとは事前に知ることができない出来事、つまり、起こるのか起こらないのか不確実な被害や危険な出来事のことを指す[1]。リスク社会のなかでの安全のためのテクノロジーは、まだ起こっていない出来事に準拠して空間を制御するという意味で、まさにリスク管理テクノロジーでもあるといえる。したがって、セキュリティ型集合住宅には、単なる防犯や治安という事柄以上に、空間をどのように制御し、あるいはコントロールするのかという関心が注がれているといえる。

「治安―防犯」と住宅

セキュリティ型住宅は、治安とリスクの言説的な関係のなかで語られ、表象されるようになったとしても、単に住宅をめぐる社会環境が変化したことを意味するわけではない。むしろ、社会のなかでの住宅をめぐる布置関係が変容してきたことが重要なのである。この布置関係を図式的に説明してみよう。

治安は社会的な次元で問われ、それと相関する防犯は私的な次元で問われる。そして、住宅は防御の役割や機能を有していると考えられてきた。このことは、私たちの住生活や防犯についての日常的な感覚に照らしても首肯できる。例えば、次のようなイーフー・トゥアンによる住居の本質的な特徴についての指摘は、こうした私たちの日常的な感覚を端的に表している。

住居はなかの住人を雨や風から護るための要塞であり、それは人間の無力さをつねに思い起こさせる。概していえば、人間が地上に設けた境界線——生け垣、城壁、あるいはレーダー網など——は、どれも自分に敵対する勢力を寄せつけまいとするものである。境界線はあらゆるところに設けられているが、それはとりもなおさず、あらゆる場所に脅威が存在するということだ。隣家の犬、泥靴をはいた子供、よそ者、狂人、外国の軍隊、病気、オオカミ、風、雨など、われわれはいたるところで驚かされているのである。(2)

このような指摘からわかるのは、まず何よりも人間にとっての住宅をその外側に存在する露骨な自然との関係で捉えていることである。そして住宅は何らかの脅威に対する要塞であり、内側にいる人間の安全を建築的に守る一種の砦でもある。つまり、住むという営みは住宅によって、外側との境界を作り出し、建築的に守られるものであることが含意されている。

しかし、ここで着目したいのは住宅の外側のほうである。住宅には本来的に守るという意味が込められているとしても、私たちの社会は、少なくとも近代では、外側は警察などの公的な権力が担う「治安」の領域になってきた。つまり、外側はすでに露骨な自然ではなく、先にも述べたように社会的なものとして実定化されていて、統治できる水準へと移行しているはずである。だからこそ、私たちにとっての「自由」は、一方で私的領域のプライバシーとして、他方で公共的領域の自由とそれをコントロールする力との対立やネゴシエーションを通して問われてきた。端的にいって、住宅の外側の社会環境が安全であれば、住宅も同時に安全であるということが前提になってきたはずだ。

だが、セキュリティ型住宅に投入される建築的テクノロジーやＩＣＴは、一義的には内側を守るための防犯を目的としていながら、その機能が及ぶ範囲は治安の側にせり出している。確かに、治安が悪化しているという指摘がさまざまに喧伝され、住宅のセキュリティの必要性がいわれてきている。しかし、治安の悪化という言説に統計的・操作的なからくりや誤謬があることも指摘されていて、この言説の信憑性はそもそも低い(3)。むしろ重要なのは、実際に治安が悪化しているかどうかではなく、治安が何らかの統計や人々の統計的な日常感覚（体感治安）として、つまりリスクとして言説化される点である。したがって、治安の悪化という言説の目的合理的な意図のほうが問われるべき対象になるだろう。つまり、「治安の悪化」がほかのどんな言説と関係しているのかという問題である。その代表的なものが監視カメラであり、住宅なのである。

セキュリティ型集合住宅は、言説化された治安の悪化に対して、住宅の防犯の強度を高めることを意図していて、いわば治安の機能を代補する役割を住宅に担わせようとするものである。つまり、住宅の外側の「社会環境が安全であれば、必然的に私的領域も安全である」という関係から、外側の「治安のリスクが悪化しているから、私的領域を自らの自己責任で守る」という関係への変容といえるだろう。しかも後者は統計的な見かけ上の疑似的な因果関係でしかなく、治安が悪化しているという事実についての信憑性は低いにもかかわらず私的領域を守る関心の強度が高まっている。このことは論理矛盾の問題ではなく、住宅が布置される関係の変容の問題である。では、そこに作用する力はどのようなものなのか、なぜこの布置関係が生じたのかを問わなければならない。

さらに、こうした安全が重視される社会的文脈で、生活に密着した空間の安全性を高めていこうとすると、「住む」経験をめぐって私たちはいくつかの矛盾に直面することになる。それは、何よりも防犯が実現可能なのかという問題を、安全のためのテクノロジーは常に抱え込むことになってしまうからである。あるいは、安全を志向する空間は、当初のもくろみを裏切るという一種の逆機能やパラドックスをはらんでしまうからだ。それは、安全な生活のために投入されるテクノロジーが、予防の側面を重視しながら、他方では事後的処理の側面も有するというテクノロジーの二重性に起因しているといえるだろう。(4) 予防を目指していても、想定できないような、何か不測の事態が生じるかもしれない、という不確実さを予防の空間は常に内包する。このことは、リスクという点からは論理的に矛盾しないが、「住む」という実際の生活に照らしたとき、それほど簡単にすまされるわけではない。何らかの不測であるという状態は、住民の心理的な不安に転化するからだ。

本章では、セキュリティ・タウンやセキュリティ・マンションに代表されるセキュリティ型集合住宅を通して、生活空間を安全な空間としてコントロールしていくことに随伴するパラドックスを探っていく。このパラドックスはある意味で住むことをめぐる難しさである。それは、生活する空間の安全を高めて私たちの安心を高めることは決して否定されることではないというポジティブな価値をもっているのに、住むことの多義性を失わせたり排他性を発揮したりするような、住むことの自己否定にもつながりかねないからである。

2　集住空間のセキュリティ

セキュリティ型集合住宅と戦後住宅システム

セキュリティ型集合住宅は、建築的テクノロジーとセキュリティ・テクノロジーが集約的に投入される現代の典型的な空間の一つである。こうした安全を一つの付加価値とした集合住宅は、住宅メーカーや不動産業者だけでなく、新たなセキュリティ産業の中核である警備会社やガス、電気のインフラ関連企業などによって、すでに日本各地に造成・建設されている。また、こうした住宅の供給は、行政からの政策的な後押しもあって一種のトレンドになりつつある。例えば、二〇〇一年三月には国土交通省が「防犯に配慮した共同住宅に係る設計方針」（防犯設計指針）を定め、一つの指針を提示した。この指針は法的強制力をもたないものの、〇三年度以降の宅地整備事業や防犯カメラの設置を補助対象としている。また、大阪府や東京都などでは条例によって同様の指針を定めたり、実際に防犯設計指針に基づく新築の集合住宅には住宅金融公庫からの優遇措置などもおこなわれている。防犯設計や電子テクノロジーを利用したセキュリティ・タウンやセキュリティ・マンションを建設しやすくした制度的環境はこの数年で整備されつつあり、住宅市場ではこの傾向が続き標準化していったといっていい。

以下ではいくつかのセキュリティ型集合住宅の事例を検討するが、その前にこうしたタイプの住宅が市場に登場してきた歴史的文脈を確認しておくことにしよう。

前述したように、セキュリティと結び付いた集合住宅が登場したのは二〇〇〇年代に入ってからだった。それは住宅市場では、端的にいって商品としての住宅に新たにセキュリティという付加価値をもたせることを意味していた。住宅市場は、一九九〇年代の半ばごろに、つまりバブル経済の崩壊後に新自由主義的な政策に誘導されながら転換を経験していた。なかでも象徴的な出来事は、戦後の住宅システムを構成してきた住宅・都市整備公団（住都公団）の解体・再編成と、住宅金融公庫の融資規模の縮小と民間住宅ローン金融の規制緩和が、九〇年代の中頃から立て続けにおこなわれたことだった。

住宅・都市整備公団の前身は一九五五年に設立された日本住宅公団（住宅公団）である。八一年に住都公団へと改組され、九九年に都市基盤整備公団（都市公団）、そして二〇〇四年に都市再生機構（UR）へと再編された。住宅公団と住都公団は、戦後の持ち家政策を推進していくためのエージェントであり、住宅供給主体としてその役割を担ってきた。しかし、一九九九年の都市公団への再編は、都市開発へと役割をシフトし、分譲住宅の中心的な供給主体から次第に後退していった。その後、住宅供給の主体は民間のデベロッパーが担っていくようになる。

実際に数多くのセキュリティ型集合住宅は、民間が開発したものである。例えば二〇〇〇年代の早い時期に登場し、しばしばメディアでも取り上げられたリフレ岬・望海坂（二〇〇二年）をはじめ、犬山もえぎヶ丘（二〇〇四年）、マザーヴィレッジ岐阜（二〇〇五年）、東京テラス（二〇〇六年）、ガーデンシンフォニー新越谷（二〇〇六年）などは、積水ハウスや長谷工コーポレーション、住友不動産、三井不動産、名鉄不動産など民間のデベロッパーが開発したものである。

住宅金融公庫もまた、住宅公団と同様に一九五〇年に持ち家政策の推進を目的として設立された特殊法人の政府系金融機関である。長期固定金利による住宅建築融資に特化し、その主な原資は財政投融資だった。二〇〇七年に住宅金融支援機構に再編され、住宅ローン融資市場の中心的位置から後退するが、それと並行して、バブル経済崩壊後の一九九四年ごろから、規制緩和によって民間の金融機関が住宅ローン融資に本格的に参入するようになっていた。

そもそも戦後の住宅市場では、供給は政府および公団や公庫といった特殊法人が主要エージェントの役目を担っていた。ここには、平山洋介が戦後の住宅と政策史を検討するなかで指摘しているように、日本の住宅市場に独特の特徴が表れている。(5) 一方で持ち家政策が住宅市場を媒介にして推し進められる。そして、他方で二回にわたるオイルショックや高度経済成長後の経済の低成長期の景気刺激政策にも、住宅が住宅市場と住宅金融を通して活用されてきたのである。その意味では、住宅は商品であると同時に市場に介入していくための重要な政策的資源だったといえるだろう。公団も公庫も市場に介入するための重要な手段だった。公共事業のような手法を使わず、人々が住宅を建設したり購入したりする仕組みを用いればいい。つまり、景気刺激政策は、戦後の持ち家システムのなかで住宅取得の減税措置とセットでおこなわれた。政府が住宅という財を用いて市場や金融を操作するものだった。

ところが、先にみたように一九九〇年代の半ば以降、住宅市場と住宅金融は大きな再編を経験する。平山は、新自由主義的な住宅政策の特徴について次のように指摘している。

> 社会政策の変化をみると、新自由主義に基づく改革は多くの分野におよぶ一方、その影響の程度と速度は均一ではなかった。社会保障、医療、教育などの分野では、新自由主義の影響がみられた。年金の支給年齢は引き上げられ、医療費の患者自己負担が増えた。しかし、社会保障にせよ、医療にせよ、あるいは義務教育にせよ、制度の枠組みそれ自体は存続した。これに比べ、労働政策と住宅政策の分野では、市場化への改革が急速かつ大幅に進んだ。(6)

先に、防犯の強度化を目指すセキュリティ型住宅は、治安の機能を代補する役割を担わされていることを指摘したが、財としての住宅の布置関係の変化と、これまで整理してきたような住宅の次元から公的なエージェントだった公団や公庫の撤退という社会環境の変容とは、パラレルな関係にあると考えられる。一九九〇年代の半ば以降、住宅の公共的な側面が失われ、市場で商品として住宅が扱われるようになって、政府は市場に介入・操作する政策から、市場のために操作する規制緩和などの政策へと役割を転換していく。そして、持ち家市場のなかで住宅が商品としての性質を強くするとき、住宅に付加されたセキュリティもまた商品として市場で交換されるようになる。(7)

電子ネットワークのなかの住宅

それでは、いくつかセキュリティ型集合住宅の具体的事例をみてみよう。

日本でセキュリティ・タウンの先駆けといわれているのは、積水ハウスが二〇〇二年に造成して分譲したリフレ岬・望海坂（以下、リフレ岬と略記）である。リフレ岬は、大阪市内から電車で約五十分、和歌山県境に近い大阪郊外に位置している。大阪湾岸に沿う国道に面した丘陵地を造成した小高い丘の上にあり、現在、約五百四十世帯を分譲している。国道と私鉄を挟んだ海岸沿いの対面には、古くからの住宅地と街区がある。住宅地は目前に大阪湾を望み、近接の海岸は夏には海水浴場になる。大阪市内から大阪湾岸沿いに和歌山方面に向かう沿線をたどると、郊外住宅地が徐々に造成・分譲され、また、関西国際空港に伴って開発されたことがわかる。リフレ岬もこれらの私鉄に沿って開発・分譲された大阪郊外住宅地の一つである。

リフレ岬の数カ所にはウェブカメラが設置され、プライバシーに考慮して人の顔が判別できるまで拡大することはできないが、各戸のパソコンで映像を確認したり、アングルなどを操作することができる。各戸はパソコンとインターネット接続が標準装備され、入居時にはセキュリティ・サービスに加入することになっている。大阪ガスが運営するコントロールセンターと直結し、センサーや非常ボタンなどのホームセキュリティ・サービスと電子ネットワークが連動する仕組みになっている。また、警備員が常駐して二十四時間体制で集合住宅地内を巡回している(8)。

このようにテクノロジーに取り囲まれた環境は殺伐としたイメージを抱くが、実際は住みやすさや快適性が重要な付加価値になっている。例えば、住民交流のさまざまなイベントがおこなわれていたり、IDとパスワードでログインする住民専用サイトを、ウェブ上の電子回覧板、電子掲示板としても活用している。リフレ岬は建設された当初さまざまなメディアで数多く取り上げられた。メディアの記事では高度に整備されたセキュリティ・テクノロジーとともに、生活の快適さや生活環境のよさ、住民同士の活発な交流が紹介された。

リフレ岬に代表されるセキュリティ・タウンは一戸建ての住宅群からなる集住地域であり、一般にオープン型と呼ばれ、都市郊外に建設される傾向にある。その意味で、郊外型住宅の系譜に属すると考えられるが、新たに造成した住宅群全体を安全にする仕掛けが空間的に配備されている。

セキュリティ型集合住宅にはもう一つのタイプがある。セキュリティ・マンションがその代表である。こちらは都市部に多く建設されていて、その形状から城郭型と呼ばれる。城郭型の場合、集合住宅の周囲を柵や塀で取り囲み、住民は一つのゲートを介して出入りする。城郭内部は、共有空間としての中庭を住棟で取り囲むような空間配置をとるケースが多い。内側と外側を柵や塀で切り分けて外側に対して閉じ、内側にウォームな空間を作る。文字どおり城郭のイメージである。このタイプは、アメリカで広くみられるゲーティッド・コミュニティとその形状が近似している。[9]

例えば東京都内で大規模に開発されたものに東京テラスがある。積水ハウス、住友不動産、名鉄不動産、長谷工コーポレーションによって開発された。東京テラスは、世田谷区の青山学院大学世田谷校舎跡地に建設された。旧キャンパスの樹木の自然環境を生かして配置されたこれらのマンション群は、二〇〇六年にグッドデザイン賞を受賞している。マンション型の地上八階から十四階からなる八棟の住棟を配置した巨大なマンション群である。総戸数は千三十戸に及ぶ。マンション群の敷地全体が柵で囲まれ、住区エリアへはオートロック・ドアと警備員が常駐するエントランスを通過する仕組みになっている。敷地内には防犯カメラが六十台設置され、各戸は警備会社と提携した警報システムを導入することができる。いわば三重のセキュリティの境界が作られている[10]。

写真1　オープン型セキュリティ・タウン、リフレ岬・望海坂（筆者撮影）

ウェブサイトなどを参照すると、東京テラスも、セキュリティとともに生活の利便性や快適性を強調している。住区内には、ここに住む人々が利用できるカフェラウンジやライブラリースペース、キッズスペース、シアタースペース、多目的スペースなどが造られている。また、区立幼稚園や区立小学校、区立中学校、スーパーや交番も隣接していて、生活のためのもろもろの事柄は東京テラス周辺内で完結するように見える。千戸以上のマンション群は、もはや一つの町を構成している。

オープン型と城郭型二つの形状の違いは、一つには立地の問題もあるが、もう一つは住宅や空間

写真2　城郭型セキュリティマンション、東京テラス（筆者撮影）

の所有形態の違いによるところが大きい。日本の場合、郊外に造成される戸建ての集合住宅地では、住居部分は個人が所有するが、外側の街路や公園などの共有スペースの所有権をもたないため、完全に閉じられたセキュリティ空間を物理的に作ることは難しい。監視（防犯）カメラを設置する場合も、私有地をフォーカスするように設置し、公道の撮影は回避される。他方、区分所有に基づくマンションのような集合住宅では、外側に対して閉じ、内側の快適性を充実させていて、高度なセキュリティ機能が実現可能になる。共有空間にあたる部分やマンションの建物自体が共有で、住居内の空間を所有するという区分所有の場合、共有部分にゲートやセキュリティ・テクノロジーを設置することが可能になり、城郭型の閉じた空間を作る条件が備わっている。(11)

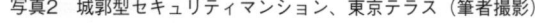

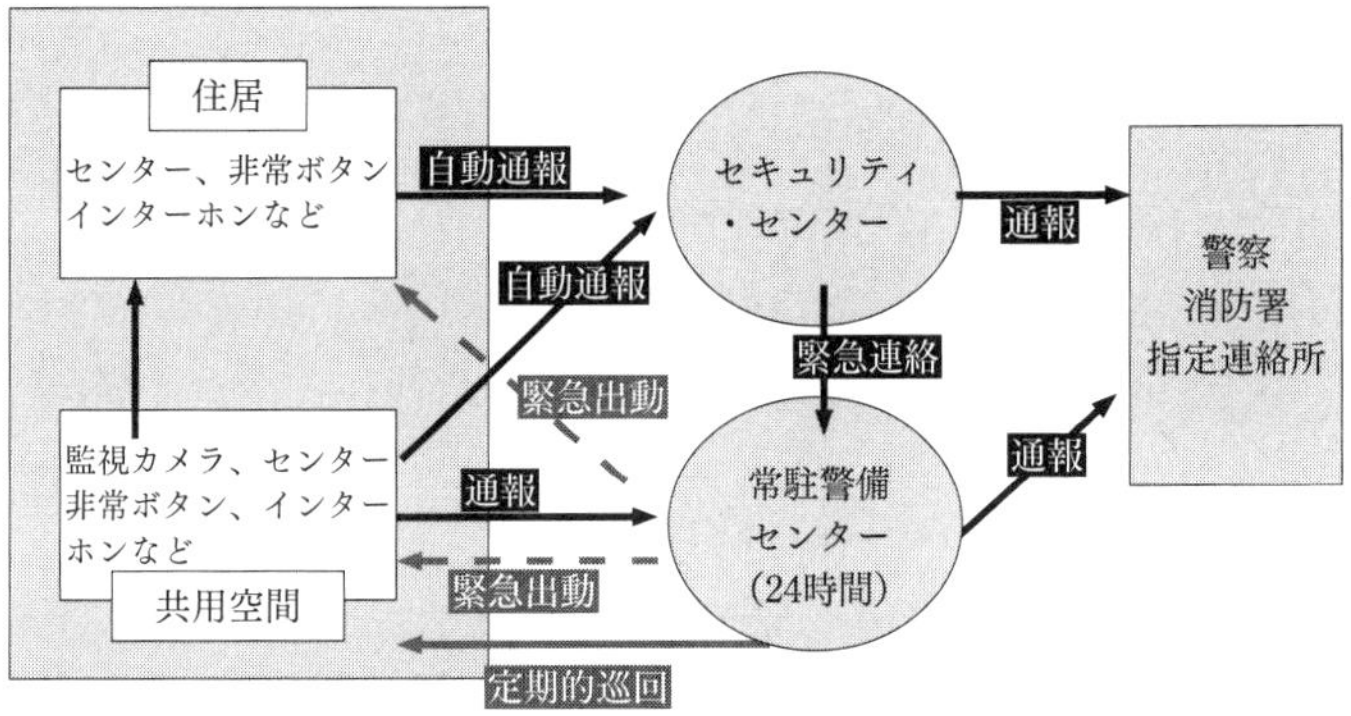

図7　住空間に対するセキュリティの一般的な例（筆者作成）

こうした住居の所有形態に着目して、集住の異同について経験的な考察をしていく必要性はあるが、ここではむしろ住居と安全との関係に焦点を絞って共通点を探っていくことにしたい。セキュリティ型集合住宅の特徴をあらためて整理しておこう（図7）。

オープン型と城郭型のいずれの場合でも、防犯のさまざまな試みが強調されている。防犯対策のための高機能の鍵や窓、建物の構造という住宅そのものに対策が装備されている。また、空間の可視性と透明性を高めるために住宅地の見通しや明るさを確保し、死角を作らない空間配置の工夫を図っている。同様の目的で監視カメラが、外側と内側の境界や街路が交差する地点、公園などの要所に配置され、常駐の警備員が巡回する。非常ボタンや住空間の内部に設置されたセンサーは、ネットワークでセキュリティ・センターに接続されている。この電子テクノロジーのシステムは専門の警備会社が管理し、コンピューターによる二十四時間の保安体制が配備される。防犯と直結するさまざまなテクノロジーとネットワークが集住空間の全体を取り囲んでいる。

そして、多くの場合、もう一つ強調されるのが「コミュニティ」である。このコミュニティについては後述するが、コミュニティは防犯と住民によるまち作りの二つの価値が生じる重要な関心(interest)になっていることが特徴である。例えば、住宅単体では防犯に限界があり、住民の交流によって相互監視の機能と同時に住民同士のコミュニケーションを活発にして外部の人間が入りにくい空間を作ることが、住宅雑誌やウェブサイトなどで指摘されている。共有スペースの中庭は、住民の交流を具体的に表象する物理的空間だし、バーベキューや餅つき、ゴミ掃除などは時間の共有を表象する共同作業である。

空間と身体の情報化

ここまでは新しく登場してきたセキュリティ型集合住宅をみてきたが、もう一つの事例を挙げてみたい。すでに住宅地が形成されていて、セキュリティのテクノロジーやサービスに基づいてコミュニティが作られていない場合でも、安全のための電子テクノロジーによる囲い込みの方法は考案されている。例えば、あるセキュリティ企業ではタウンガードと呼ばれるサービスを販売している。[12]

タウンガードに登録している住戸と個々人は携帯電話やインターネットによって電子的な輪が形成されている。この電子的な囲いの内部で不測の事態や問題が発生すれば、ネットワークを管理するコントロールセンターに連絡が入り、そこから一斉にパソコンや携帯電話にメール、あるいは警報を配信するシステムになっている。物理的なゲートで境界を作らなくても電子的に見えないように空間を囲うことができる。

このようなテクノロジーは隣接する住宅群を情報空間にすることが第一の目的になっているが、機能の側面から敷衍して考えると、電子的ネットワークは場所に密着した物理的空間と一致していなくてもいいことを意味している。すでによく知られているように、GPS（Global Positioning System：全地球測位システム）がついた携帯電話を子どもにもたせたり、GPS機能のチップが埋め込まれたランドセルが販売され、実際に通学や塾に通う子どもの安全を確認する方法として利用されている。こうした例からもわかるように、GPS機能を用いれば、個々の身体を情報化し、追跡、捕捉し、場所に制約されず人々の身体を空間的にコントロールすることができる。つまり、実際に私たちの身体は情報化され、居住空間、セキュリティ・タウン、道路、駅、学校、会社などそれぞれの空間で、全域的・個別的に電子化され、そして捕捉できる[13]。

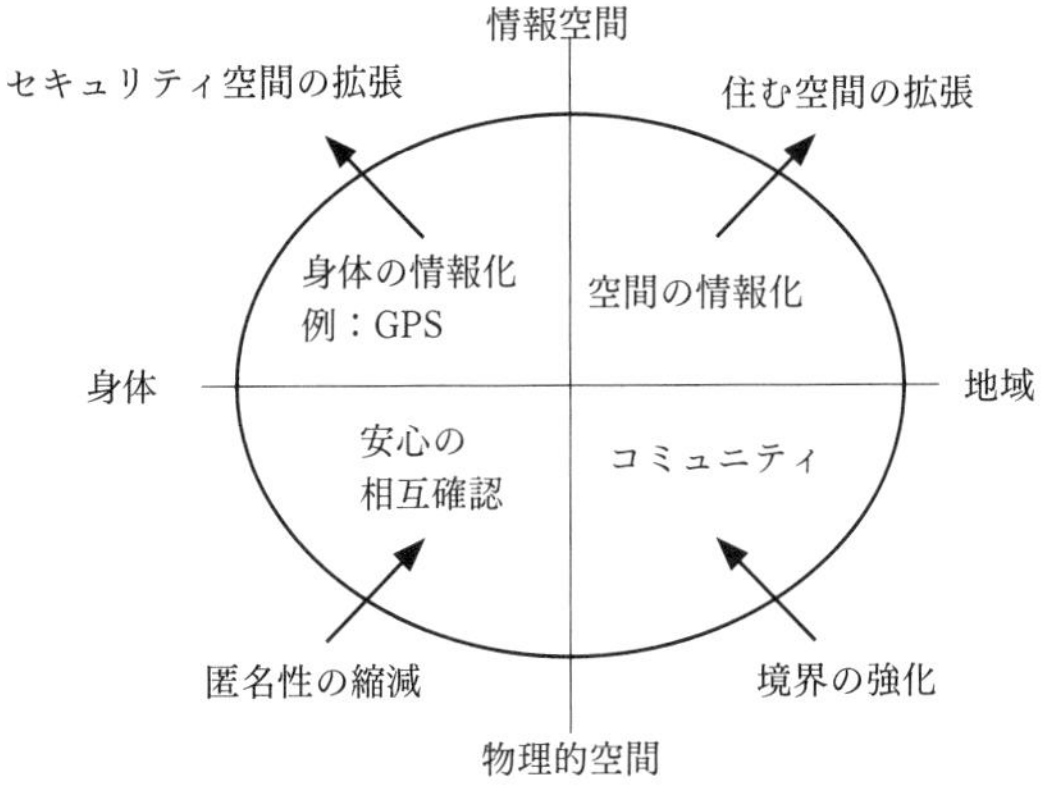

図8　セキュリティのコミュニティと情報空間（筆者作成）

こうしたモバイル型のテクノロジーとネットワークシステムを利用する事例、そして先に挙げたセキュリティ・タウンのセキュリティ・システムの事例もあわせて考えてみると、次のような特徴を抽出することができる（図8）。

私たちが住む空間は、セキュリティという点で、物理的空間の安全と情報空間の二つの次元の安全の組み合わせで構成されていることがわかる。電子的ネットワーク・システムでセキュリティを可能にしているのは、住空間と身体についての情報化の条件が整っているからである。そして、実際に安全を高めるためには、空間が常に見守られていなければならないが、物理的空間と情報空間の組み合わせに照応して、見張る（watch）と走査（scan）の二つの視線が同時に活用されている。具体的には監視カメラや警備員による watch がなされ、センサーをはじめとした電子テクノロジーによって情報化された空間と身体が scan される。

このように考えると、セキュリティ型集合住宅の新しさとは、単にセキュリティ・テクノロジーが積極的に用いられるということではなくて、私たちが住む意味内容について伸縮をもたらしているところだろう。つまり、身体と空間の情報化を介して情報空間という位相で従来の境界を超えて外側に拡張し、同時に、境界の内側に向かって安全性の強度を高めようとしている。しかも、さまざまなセンサーで外部と接続されている居住空間の内部は、電子的に外部に開かれてしまっているのだ。

3　測定される安全／危険

セキュリティか監視か

こうした住む意味内容について伸縮は、監視社会のモードの変容と対応している。この監視の質的変化については、ジル・ドゥルーズがミシェル・フーコーの規律型権力との対比で管理型権力による監視＝管理社会を指摘しているように、社会の情報化と照応する権力関係の変容として論じられてきた。監視の対象が個人や主体、それを裏付けるような署名ではなく、数値化された個人、情報化された身体が管理の対象になり、その管理はデータベースや電子ネットワークの次元で作動する。[14] 同様にデイヴィッド・ライアンは、身体の情報化の進展を「消失する身体」と呼び、数値化された情報がネットワーク・システムのなかで包括的に、そして特定の中心をもたずに掌握されることを指摘している。特定の誰かだけがネットワーク・システムを支配するのではなく、ネットワークに関与するさまざまな人々や機関が、商業ベースだろうと行政ベースだろうと、オーケストレーションするようにネットワークの相互関係のなかで情報の管理が可能になるのである。

セキュリティ型集合住宅では、このような監視テクノロジーが安全のためのテクノロジーとして積極的に利用されている。その結果、住むという点では逆説的な事態だが、公共的領域に対する私的領域という区分が曖昧になり、家庭や身体といった私的な領域にとって住居は防護壁とはならなくなる。

問題は、一つには、物理的空間から電子的空間への移行である。電子装置が、ときに私たちの知らぬ間に、家の内外でデータをやり取りするとなれば、家の中は外側の世界の要求や圧力

を逃れた避難場所だという虚構は転覆される。(15)

ライアンやドゥルーズの指摘をふまえるとき、生活空間の安全のために導入される監視テクノロジーは、安全を求めるセキュリティ型住宅の目的と矛盾するのだろうか。あるいは同じテクノロジーを一方では安全のために用い、他方では監視のために用いるという、目的と選択に関わる問題なのだろうか。

このことを考えるために、セキュリティ型集合住宅と従来の住居とのつながりを確認しておく必要がある。というのも電子的テクノロジーは、社会のセキュリティ化が盛んにいわれるようになる前から住居に入ってきている。それはインターネットのようなコミュニケーションメディアに限定されるのではなく、ラジオやテレビというマスメディア、電話や有線などのコミュニケーションメディアなど、住居はさまざまなテクノロジーを受容する器だったからだ。さらに、水道、ガス、電気などのインフラは住居の内部と外部をつなぐものである。すでに実現されているユビキタス化の形態であるスマート住宅はこれらのテクノロジーを統合したものである。つまり、住居は電子テクノロジーをはじめとしたテクノロジー・ネットワークの集積体であり、そしてネットワークの端末である。私たちが普段生活している住居は、物理的境界によって外部を遮断していたとしても、その内部はさまざまな回路で外側とつながっているのである。その意味では、住居はすでにプライバシーに厳密に対応する建物ではありえなくなっている。

このように考えると、セキュリティ型の集合住宅は、住居を取り巻くテクノロジーのネットワークを、防犯を結節点にして再統合していると見なすことができるだろう。このような集合住宅は、生活する空間の安全性を高めることを目指している。そうすることで人間の身体を危険から守ろうとする。この住む空間を守るために電子テクノロジーや監視カメラを積極的に用いる。このとき、住む空間が情報化され、物理的空間とは位相が異なる安全のための情報空間が構築されることになる。集合住宅のセキュリティ化は、住まいの安全が強調される以前からテクノロジー・システムになっていた住居とセキュリティ・テクノロジーとが接合した結果だということができる。すでにセキュリティ型集合住宅になる条件が、現代の住居に備わっていたのである。

住居はその内側からテクノロジーのシステムに開かれていた。つまり、セキュリティ型集合住宅のテクノロジーの再統合とは、住居の内側と外側の入れ子構造のような重層的な関係へと空間を再編成し、ドゥルーズやライアンが指摘するように、安全の問題を情報空間へとあらためて抽象化することを意味しているのである。そしてこの情報空間を、専門のセキュリティ企業が管理するコンピューター・システム、いわば「電子の眼[16]」が監視していると同時に見守っているのである。

リスクと安全のパラドックス

安全を目指す生活空間が目に見えない電子的な境界によって囲われるとき、その空間は情報化され安全性や危険性がリスクとして測定される対象になる。

安全のための情報空間は、しばしば「犯罪マップ」のような地図として評価される。この犯罪マップは自らが生活している場所の安全性を確認するための指標になる。犯罪マップはＧＩＳ

（Geographic Information System：地理情報システム）を用いて推計され、情報化された犯罪密度の分布図である。この地図は重田園江によれば、中立的に存在するのではなく、「地図の上に重ねられ、情報として活用されるデータは、それ自体ある種の物質性を持つ現実として見る側に働きかけ、背景地図に対応する物理的な場所が、統治と管理の対象として浮上してくる」[17]ものだ。

このような測定可能な情報空間の場合に重要なのは、前述したように、セキュリティ型集合住宅の周辺で犯罪が実際に起きているか否かではなく、あくまでも予期しない出来事が生じる確率の問題として推計されることである。それは、リスク計算として蓋然性が比較されることを意味している。この蓋然性はコントロールと管理の対象になる。

ところで、リスクとは村上陽一郎が指摘するように、「常に利益を得ようとする人間に対して科される反対給付（コスト）」を備え、危険が必然的である場合にはリスクは成立せず、「起こりうる可能性」、もしくは「蓋然性」として表現される。そして、「リスクは、人間の力で、その発生を防止したり、起こってしまったときの損害や被害を緩和することができるような危険[18]」と見なされることである。さらに重要なのは、技術が発達すればするほど、リスクは増大する性質をもっているという特徴がある。

こうしたリスクの性質は、ウルリッヒ・ベックが指摘する再帰性を備えている。[19] リスクは私たちの社会の内部から生み出され、その解決も社会内部で図っていくしかない。つまり、工業社会以降の近代社会には自らが作り出した問題を自らが解決しなければならないような「自己との対決」が内包されているのだ。例えば環境破壊に典型的にみられるように、テクノロジーが引き起こした破壊をテクノロジーによって解決していく。しかし、そこにはある種の悪循環が生じる。

テクノロジーの帰結として生じるリスクはテクノロジーによって制御を図るが、今度はその二番目のテクノロジーが次のリスクを生むことになる。生起確率（蓋然性）としてリスクが測定されるかぎりで、「安全」と「危険」は同じことを別の観点から捉えたにすぎない。[20]リスクは前近代社会のように社会の外部からやってくるのではなく、私たちの社会内部から生み出されたものである以上、百パーセントの安全という事態がないかわりに、ゼロパーセントの危険がないということもありえない。リスクの深刻さは、次のようにいえる。

現時点における損害の回避や制御が不可能であるからといって、安全性を求めて意志決定を回避したり引き延ばしたりすれば、今度はそのことが別のリスクを生むという、リスクからの逃れようのなさ、つまりはその自己言及性、あるいは、安全性を高めようと努力することがかえってリスクを招くというそのパラドックス性にある。[21]

こうしたリスクがもつ特徴から私たちが住む空間の安全を考えたとき、住む空間をコントロールして制御しようとすることは、文字どおりの「防犯」（抑止）という意味で、危険な出来事の発生を抑制しようとする振る舞いである。それと同時に、蓋然性のリスクのパラドックスから離脱することはできなくなっていることを意味している。犯罪の発生確率は、ゼロになることはない。私たちが住む空間は、犯罪が発生している社会空間の内部にあり、それを無視することは新たなリスクを生み出すことになる。つまり、生活空間の安全を向上させようとしてさまざまなセキュリティ関連のテクノロジーを用いたとしても、リスクの発生確率を低下させることは一定程度可能かもしれないが、完璧な安全を保障するものではないのである。まさにセキュリティ化のなかにある住む空間はこのパラドックスを内包していて、私たちはパラドックスとともに生活しなければならなくなる。

4　象徴暴力とコミュニティ

安心のためのコミュニティと安全の排他的占有

こうしたパラドックスは、住むという営みの場面で、実際に安心を実感できるのかという日常生活の不安をもたらす。図式的にいえば、物理的空間と情報空間とのずれが、日常生活のなかで不安として顕在化する状態が作られる。そのとき次のような言説が治安の文脈で産出され、心理的な不安と結び付く。「安全のためのテクノロジーは整えたが、しかしそれだけでは安全にとっては不十分である」と。そして、こうした言説によって不安のスパイラルがさらに誘導され、このスパイラルに「コミュニティ」が動員されていく。「地域の空洞化が犯罪増加の原因である」「近所付き合いが深い町は見知らぬ人間を際立たせる」「相互監視の機能が作用すると、外部の人間を寄せ付けない空間を形成することができる」などの言説から、生活の安全にとってコミュニティ作りが不可欠だと強調される。コミュニティが技術的な安全の不十分さを補完する有効な手だてであり、その産物として新たに街作りにも寄与するというのだ。[22]

しかし、このような「コミュニティ」の使われ方には違和感を覚えることも事実である。コミュニティは多義的な日常的営みそのものを指していて、概念が生活の実際に先行するものではない。だからこそ社会学をはじめ、さまざまな場面でその可能性が争点になってきたからだ。安全に結び付くコミュニティの場合、居住の近接性と地域性に基づく共同性として語られる。また、そのコミュニティには、防犯パトロールや防犯マップ作りを積極的におこなう住民のボランティアなどの社会関係や地域社会のネットワークが動員されることが多い。

このとき問題なのは、街を作るという営みと、集住空間やその地域社会の安全のためにコミュニティの同質性と排他性を強化するという、一見すると二律背反的なベクトルが安全を中心としたコミュニティへと一義化されることである。社会のセキュリティ化という文脈では、居住の近接性に基づく集住空間や地域社会の内部の同調性へと向かう。こうしたコミュニティの姿は「草の根セキュリティ[23]」と呼ぶことができるだろう。安全な空間や安心できる生活に対する下からのニーズを「コミュニティ」は表していて、このニーズがセキュリティ化する社会とコミュニティという場で共犯しているのである。[24]

こうした同質性と排他性を併せもった内向するコミュニティは、いわば、住むことに特化したコミュニティである。顔が見える関係の構築は空間を共有する住民の間から、相互不信の契機を追い出すことを含意している。つまり、安全な社会という文脈のなかでは、コミュニティは「相互不信」を、相互に「安心を共有」することへと転化させる共有するためのちょうつがいとして機能しうるのである（図8を参照）。

なぜなら、前述したように犯罪などの予期しない出来事が発生する蓋然性という点では、集住空間内部と外部との境界の曖昧さをもっているし、情報空間と実際に住む物理的空間との間にはずれがあるからだ。そして、集住空間の外側の地域社会も完全に安全でないとすれば、その地域空間や集住空間の不完全な安全を「安心」で補完せざるをえない。だとすれば、安心の共有とは、完全な実現は不可能な安全な空間や、情報空間と物理的空間とのずれを補正するための、「想像された空間」ということができる。

同質化と排他性をもち、安心を共有するようなコミュニティはどのような問題をはらむのだろうか。ジグムント・バウマンは、ゲーティッド・コミュニティを安全という利害を中心に結び付いている近隣関係としたうえで、それは新自由主義化が進行する社会のなかでのコミュニティだと述べる。そして、同質性を結び付けているのは、ゲートという境界を超えたところで可能になる「弱さ」をお互いに補完しあうあり方とは対極のものだと批判する。つまり、ともに生活するなかでの相互交渉にかかわって、分断することを選択する社会の空間的な表現がゲーティッド・コミュニティである[25]。

安全の問題に直結したコミュニティの増加について、これまで公共性と私的領域との関係の変容として議論されてきた[26]。こうした議論の多くは、従来型の公共的領域と私的領域との二項対立、すなわち外部に対する私的なものの保護といった枠組みや、単なる公共的領域と私的領域との分離という関係では、現在のセキュリティ化する社会は捉えることができないことを示唆しているのである。[27]

居住の近接性に基づく同質なコミュニティは、リチャード・セネットが「親密性の専制[28]」と呼ぶような、あくまでもわれわれによってわれわれに向かって志向されるものだといえるだろう。それは、コミュニティの私化（プライバタイゼーション）である。こうした指摘には住民自らがコミュニティを運営していくという自己統治（自治）の問題と、空間の所有の問題、つまり安全の私有化や空間の占有化の進行という二つの問題があると考えられる。

コミュニティの自己統治については、ゲーティッド・コミュニティが社会の新自由主義化の産物であるとバウマンが述べるように、治安を住民が自己責任・自助努力で維持していくことが推し進められる。実際にこのことは、セキュリティ型集合住宅に典型的にみられるように、安全がサービスや商品として市場化され、これまで行政的な公共性が担ってきた事柄が、住民個人やコミュニティとセキュリティ会社との市場的な関係に移行されていることを指している。安全を自己統治していく領域もまた、住宅を通しておこなわれるもので、同時に住宅そのものが市場化される。その意味では、安全に対する自助努力と自己責任が誘導され、強いられているといっていい。それは、齋藤純一が指摘するように、国家の集約的・権威的・画一的な統治のあり方とは異なる、脱福祉国家社会のなかでコミュニティをはじめとした中間団体が積極的に動員され、顔が見える関係の自己統治が促進されているといえるだろう。国家による統治は、住民による自己統治をさらに統治する「統治の統治」が市場を媒介にして二重構造化されることになる。[29]

後者の排他的所有・占有の問題は、公共的領域と私的領域の空間的な再編成をもたらす。私化されたコミュニティは、それぞれ「飛び地」として独立し、都市のなかに遍在する。われわれにとっての安全な空間を占有することは、ほかの者がいる空間は危険であるという関係を作り出す。それは、新住民と旧住民、貧者と富者との間に起きるいかなる空間的相互交渉ももたせないという分離した空間として再編成される。(30) こうした事態は、公共的領域と私的領域の対抗的な関係ではなく、同質な私的領域と希薄な公共的領域とがモザイク化した社会空間でもある。それは、安全な空間を囲い込み（inclusion）ながら、そうでない空間を排除（exclusion）するという、相互に排他的に分類しあう社会関係が空間化されることである。

象徴暴力と分類される社会

だが、ここであらためて考えておかなければならない。ゲートや見えない電子的境界を設定することは、防犯や生活の安全を確保していくという点では、通常、不当だとは決して見なされていないということである。また、電子的テクノロジーや監視カメラ、センサーを用いることは、他者排除のための排除、つまり排除を必ずしも自己目的化していない。あるいは、逆に安全のために囲い込む空間を作り、結果的に排除することになったということでもない。つまり、安全を求めること、空間を囲い込むこと／排除することが同時に生じているのである。しかし、こうした社会の分類化を伴う安全のニーズの成立は決して必然的ではないのである。

ピエール・ブルデューは、社会のなかの恣意的な価値が、正統性への言説に転換するなかで誤認され、かつ承認される社会的コミュニケーションの共犯関係を生み出す力を象徴暴力と呼んだ。[31] ブルデューは、近代社会でも作用する神話的な暴力である象徴暴力を学校教育の空間や趣味の領域で分析的に論じたが、その際に問われていたのは、人々の日常的な認識の枠組みと社会的な構造との共犯の結果成立するような象徴的な支配の問題であった。つまり、社会に対する人々の身体化された分類図式と社会的な分類構造とが、日常的生活のなかで自明な関係として構築されていくメカニズムを経験的に論じていた。

この象徴暴力の枠組みを安全を求める社会の文脈に敷衍するならば、次のような矛盾に私たちは再び突き当たることになる。安全な空間を所有したり占有したりすることは、セキュリティを偏重する社会では、安全である空間とそうでない空間との差異関係を形成することであり、このとき空間は社会の分類化の作用点になりうる。それは、分類されると同時に分類する空間の相互性が、社会関係であり、空間として視覚化されることでもある。そして、私たちが住むという点からは、住むことを通して安全についての分類図式と、安全をめぐる空間図式とが離れがたく結び付く。つまり、空間を囲い込むことは、同時に「安全」という拒否しがたい社会的な価値を認め、安全を優先する社会を受容することである。あるいは逆に、囲い込みを放棄するならば、安全という価値を放棄するという不毛な二者択一に直面することになる。象徴暴力とは、このように住むことそのものについて問うことの不毛さを感じざるをえないような閉鎖系に問題を取り込み、それ以外の選択肢を隠蔽していく力の作用だということができる。

さらに別の言い方をするならば、境界線を空間に引くこと自体がそもそも恣意的な行為である。

にもかかわらず、囲い込みと排除、内部と外部との関係が、境界内部の集住空間や同質的なコミュニティにとって正統性をもってしまうのは、安心が想像された空間（コミュニティ）と境界との共犯関係にあるからである。なぜなら、逆説的な言い方ではあるが、すでに指摘したように、内部の空間も完全に安全ではないからだ。だから、安全を空間としてわれわれが占有しなければならない。この文脈のなかで、住むことに特化し、私化し、手段化したコミュニティは他との関係を分断する象徴暴力の典型的な形態だということができるのである。

5　逆説的な安全な空間

私たちは、セキュリティ化する社会のなかで、住むことをめぐって何重もの悪 - 循環に直面する。蓋然性として測定される安全の空間では、安全は実現できない。治安の領域を肩代わりするように防犯する際に用いる、さまざまな建築やICTテクノロジーは、リスク管理以上の利用はできない。にもかかわらず、安全を重視し、安全に対するニーズが高い現在の社会で、住むという営みは、安全な空間を所有・占有しようとすることに限りなく一致していく。

不完全な「安全な空間」と想像された「安心の空間」との共犯関係に象徴暴力が作用する。集住空間の内側と外側を区分する境界線は社会を分類するが、象徴暴力はこの境界線の恣意性を隠蔽し、日常的な住む経験に安全をめぐる排他的な関係を自明なものとして織り込んでいく。このような社会のセキュリティ化の延長線上には、ややもすると住むことの自己否定、住むことで生じる多義性を自らが縮小させてしまいかねない。

この逆行するような住むことの自己否定の可能性を示唆する具体的事例は、実は意外と身近なところにある。メディアでしばしば取り上げられ、近隣住民に対する迷惑や顰蹙さえ買っている「ゴミ屋敷」は、自己否定的な可能性を住むことの逆説とともに示唆しているように思われる。ゴミ屋敷は、ゴミという通常ならば廃棄されるものを所有し、そのゴミで自らの敷地や住空間を埋め尽くし、他を寄せ付けない境界を作り上げる。ゴミを所有するという振る舞いは、私たちの近代的所有に立脚した住む常識を覆している。そして、ゴミの空間が所有の空間に転換したとき、守るべきものはゴミになる。この欲望の逆転は、住宅は住むための空間であるという自明性をまるで自己否定したようなゴミ屋敷のほうが、近づきがたい空間としてきわめて高い空間の安全性の確保を可能にしていることを示す。

そして、この逆説は、結果的に象徴暴力を転覆させる効果を発揮しているともいえる。安全を優先する社会で発揮される排他的な関係を暴いてしまうからだ。周囲から不審の目でみられるゴミの所有と囲い込みは、むしろ排他的な関係のほうを際立たせ、かえってその行為と安全とが結び付いていることを映し出してしまう。

私たちは住むことと安全との結び付きが強い社会で生活している。安全な空間に対する私たちの欲望は、空間のなかで自由に振る舞うことであり、空間の快適性を自由に享受することへと向かう。しかし、行為の自由を志向することと囲われた空間に社会から撤退することとが結び付いたとき、空間にとって、住むことにとって重要な可能性が失われてしまう。

この空間と自由との関係について、阿部潔は「自由な空間」と「空間の自由」を区別して、後者について次のように指摘している。「「空間の自由」とは、具体的な個々の行為や表現に先立って存在する空間それ自体のあり方を指し示している。それは空間のあり方に潜む「自由さ＝潜在的な可能性[32]」であるという。空間の自由さは多義的であり多声的である。この指摘が示唆しているのは、自由な空間が個人の行為の自由と結び付くのに対して、空間の自由はいわば社会関係や他者関係と結び付くということである。

空間を監視し、管理したり制御したりすることは、これまで議論してきたことからわかるように、社会関係を階層化したり分断したりする方向へと向かわせる。では一体誰が監視し、管理しようとしているのか。国家なのだろうか、権力をもった統治者なのだろうか。住むことの難しさは、住宅が治安―防犯の関係に置かれるとき、空間をコントロールしようとするのが、ほかならぬ私たち自身であるという陥穽に直面するということである。別の言い方をするならば、住宅を安全な空間と結び付けるほど、コントロールのパラドックスが発揮され、空間は不自由なものになり、住む経験をより一層難しいものにしている。しかし、「自由な空間と自由な行為」や「空間のコントロールと空間の不自由」とは別の「空間の自由と住むことの多様性」の関係に住宅が置かれたとき、おそらく住むことはパラドックスの困難さとは別の可能性があるはずである。住む経験や住む空間の自由も社会関係の次元の問題だからだ。

注

（1）山口節郎『現代社会のゆらぎとリスク』（新曜社、二〇〇二年）を参照のこと。

（2）イーフー・トゥアン『恐怖の博物誌――人間を駆り立てるマイナスの想像力』金利光訳、工作舎、一九九一年、一七ページ

（3）浜井浩一／芹沢一也『犯罪不安社会――誰もが「不審者」?』（光文社新書）、光文社、二〇〇六年、河合幹雄『安全神話崩壊のパラドックス――治安の法社会学』岩波書店、二〇〇四年、芹沢一也『暴走するセキュリティ』（新書y）、洋泉社、二〇〇九年、など。

（4）監視テクノロジーが「事後」から「未然」（予防）へとシフトしている点については、阿部潔「公共空間の快適――規律から管理へ」（前掲『空間管理社会』所収）。ほかにも渋谷望『魂の労働――ネオリベラリズムの権力論』（青土社、二〇〇三年）や鈴木謙介「監視批判はなぜ困難か――再帰的近代におけるリスク処理の形式としての監視」（「社会学評論」第五十五巻第四号、日本社会学会、二〇〇五年）を参照のこと。

（5）前掲『マイホームの彼方に』。同時期に同著者が刊行した平山洋介『「仮住まい」と戦後日本――実家住まい・賃貸住まい・仮設住まい』（青土社、二〇二〇年）とあわせて包括的な戦後の住宅史になっている。

（6）同書一九五ページ

（7）ティルマン・ハーランダーは、ゲーティッド・コミュニティにとって安全性の問題は副次的な重要性しかなく、不動産としてのコミュニティの社会的な威信性や資産価値がもたらすものだと述べ、「都市社会における相互間の分離」のほうを問題にする。ティルマン・ハーランダー「社会的混合か

分断か——都市と住宅経済のための挑戦」前田充洋訳、北村昌史解題、「都市文化研究」第十七号、大阪市立大学大学院文学研究科都市文化研究センター、二〇一五年

（8）日経アーキテクチュア編『防犯セキュリティガイド——ビル・住まい・まちの最新事例に学ぶ』（日経ＢＰ、二〇〇四年）、「積水ハウスウェブサイト」（https://www.sekisuihouse.co.jp/bunjou/kansai/misaki/）［二〇二〇年十二月二十五日アクセス］などを参照。

（9）ゲーティッド・コミュニティは、ゲートや遮断装置、壁、フェンスを利用して外部からのパブリック・アクセスを制限する住宅群である。それらの居住区では警備員を雇い、監視カメラ（ＣＣＴＶ）装置を設置している。このコミュニティは高い同質性によって構成されている。人種、社会階層、移住者などのクラスターと相関しながら、社会との分離＝隔離を伴う集住の形式である。

（10）「東京テラス」「住友不動産ウェブサイト」（https://www.stepon.co.jp/premier/tokyo-terace/?utm_source=yahooSS&utm_medium=cpc&utm_campaign=mansion_sell&_adp_c=wk&_adp_e=c&_adp_u=p&_adp_p_md=2773&_adp_p_cp=28675&_adp_p_agr=8051082&_adp_p_kw=16348438&argument=nodf34lq&dmai=a5fbb90fa5e3d5&yclid=YSS.1001079681.EAIaIQobChMIiqWQjYjp7QIVAq6WCh2EWAHoEAAYASAAEgKddPD_BwE）［二〇二〇年十二月二十日アクセス］

（11）城郭型のセキュリティ住宅やゲーティッドコミュニティについては、竹井隆人『集合住宅デモクラシー——新たなコミュニティ・ガバナンスのかたち』（［SEKAISHISO SEMINAR］、世界思想社、二〇〇五年）、エドワード・J・ブレークリー／メーリー・ゲイル・スナイダー『ゲーテッド・コミュニティ——米国の要塞都市』（竹井隆人訳、集文社、二〇〇四年）、Rowland Atkinson and Sarah Blandy eds., *Gated Communities: International Perspectives*, Routledge, 2006 を参照のこと。

（12）「Town Guard」（http://www.tg1.jp/subpage/tg_type1.htm）［二〇二〇年十二月二十五日アクセス］

を参照。

(13) このようなアラート型の「電子の輪」は、新型コロナウイルスの感染拡大のなかで導入された、スマートフォンのアプリケーション「COCOA」(COVID-19 Contact-Confirming Application) と同質のテクノロジーである。

(14) ジル・ドゥルーズ『記号と事件——1972—1990年の対話』宮林寛訳(河出・現代の名著)、河出書房新社、一九九六年

(15) デイヴィッド・ライアン『監視社会』河村一郎訳、青土社、二〇〇二年、三三ページ

(16) David Lyon, *The Electronic Eye: The Rise of Surveillance Society*, Polity, 1994.

(17) 重田園江『フーコーの穴——統計学と統治の現在』木鐸社、二〇〇三年、二六四ページ

(18) 村上陽一郎「平和・安全・共生」、小谷英文編集『心の安全空間——家庭・地域・学校・社会』(現代のエスプリ別冊) 所収、至文堂、二〇〇五年

(19) ウルリッヒ・ベック「政治の再創造——再帰的近代化理論に向けて」、ウルリッヒ・ベック/アンソニー・ギデンズ/スコット・ラッシュ『再帰的近代化——近現代の社会秩序における政治、伝統、美的原理』所収、松尾精文/小幡正敏/叶堂隆三訳、而立書房、一九九七年、ウルリヒ・ベック『危険社会』東廉/伊藤美登里訳(叢書・ウニベルシタス)、法政大学出版局、一九九八年

(20) 前掲『現代社会のゆらぎとリスク』

(21) 同書一七三ページ

(22) 例えば、『防犯マップ——犯罪から家族と財産を守る!』(〔週刊朝日ムック〕)、朝日新聞社、二〇〇五年)。

(23) 杉田敦『境界線の政治学』(岩波書店、二〇〇五年) が指摘しているように、安全を確保するため

には多少の権利制限や治安強化は仕方ないという、草の根からのニーズが強固にある。

(24) 齋藤純一『公共性』(〔思考のフロンティア〕、岩波書店、二〇〇〇年)で、齋藤は個人の自己責任・自助努力を強調する新自由主義と、コミュニティへのコミットメントを重視する共同体主義が結合することを指摘している。

(25) ジグムント・バウマン『コミュニティ――安全と自由の戦場』奥井智之訳(ちくま学芸文庫)、筑摩書房、二〇一七年

(26) マイク・デイヴィス『要塞都市LA』村山敏勝/日比野啓訳、青土社、二〇〇一年、前掲『魂の労働』、斎藤貴男『安心のファシズム――支配されたがる人びと』(岩波新書)、岩波書店、二〇〇四年、五十嵐太郎『過防備都市』(中公新書ラクレ)、中央公論新社、二〇〇四年、前掲『ゲーテッド・コミュニティ』、など。

(27) 例えばマニュエル・カステルは前掲『都市・情報・グローバル経済』のなかで、グローバリゼーションのもとでは、新しいコミュニケーションテクノロジーや「電子家庭」「電子オフィス」の到来は、地域のスプロール化、郊外住宅化、社会諸関係の個人化を促すと指摘している。

(28) 親密性の専制については、リチャード・セネット『公共性の喪失』(北山克彦/高階悟訳、晶文社、一九九一年)を参照のこと。

(29) 統治の二重性については、前掲『公共性』を参照のこと。

(30) 都市で私化されたコミュニティが「飛び地」として形成されて社会の分断を招いている分析は、前掲『要塞都市LA』を参照のこと。

(31) ピエール・ブルデュ『実践感覚1』今村仁司/港道隆訳、みすず書房、一九八八年、同『ディスタンクシオンI――社会的判断力批判』石井洋二郎訳、藤原書店、一九九〇年、同『ディスタンクシオ

ンII――社会的判断力批判』石井洋二郎訳、藤原書店、一九九〇年

(32) 前掲「公共空間の快適」四〇―四二ページ

第4章　スマートシティと生政治
――パブリック―プライベートの産業から住むことの統治に向けて

はじめに――明るいディストピアとしての未来

ＩＣＴとそのネットワークがもたらす未来社会について、ジョン・アーリーは次のように述べている。

目下、移動の未来は、二つの間を揺れ動いている状態にあるようにも見える。一方には、地球高熱化の重層的なフィードバック・ループによって多くのシステムとネットワークが崩壊してしまう未来があり、他方にはシステムとネットワークが十分すぎるほど機能し、多くの移動ととりわけ自動車システムを「安定化」し、重層的なパノプティコン環境のなかで人びとを「安

全管理」する世界がある。(1)

ここで示唆しているのは、自動車が人間に対して可能にしたモビリティ（移動）、あるいはICTが可能にすると考えられていたコミュニケーションの自由が終焉する世界である。アーリーは新しい自動車のシステムをネクサス・システムと呼ぶが、重要なのは、新しい電子的なネットワーク・システムがある必然性を伴ってパノプティコン（監視社会）の環境として編成されていく点である。テクノロジーが人間に対して何かを可能にするという因果律がアーリーがいうように失効するとしたら、その社会変容は何を意味するのだろうか。

アーリーが重層的に議論してきたように、自動車は、人々にフレキシブルな移動を空間的にも時間的にも可能にする「鉄の檻」であり、家庭と並んでもう一つのプライベートな居住空間である。それまでの（鉄道に代表される）都市空間と公共的時間とが一体になった構造を切り崩し、プライベートな時間と空間を再構造化するモバイル・プライバタイゼーションを推し進めたのが自動車だった。しかし、今後迎えることになるネクサス・システムは自動車という鉄の檻をスマート化し、「情報ネットワークの檻」に転換させる。このとき、自動車が可能にしていたプライベートな領域はネットワークのなかに消失していく。図式的に表すならば、都市―パブリック―プライベートの空間―時間の関係が、電子的なパノプティコンとして再構造化されるのである。

この変化が要請されるのは、地球環境問題という避けられない直面する事態に対処しなければならないからである。ネクサス・システムの必要性は、この社会の危機状況との関係から語られる。

ネットワーク・システムを十全に構築し、ネットワークの一つの要素に自動車を組み込むことには必然性が伴っているのである。それは、近代のさまざまなテクノロジーの要素が集約された自動車は、地球環境問題を発生させる主要因の一つであり、自動車と人々の移動を存続させるためには、ICTのネットワークのなかに組み込まれ、常時接続されている状態のなかで子細に監視され制御されなければならないのである。

そしてもう一つ重要なのは、移動を予測可能なものにすることで、自動車が個別に電子的に監視されるだけでなく、ほかの無数の移動手段（公共手段としてのバス、トラック、自転車、歩行など）全体もまた制御の対象になっていくことである。つまり、化石燃料から水素への移行、あるいは炭素制御装置によるエネルギーの効率的で適正な利用を促す自動車のスマート化は、コンピュータープログラムを装備した自動運転の次元だけではなく、交通手段の複合的な関係にも及ぶのである。情報端末が埋め込まれた自動車は、知的交通システムのなかで「電子的・物理的に他の多くの移動形態とシームレスに統合され[2]」ることになる。このとき、自動車は、人間が地理的な空間のなかで主体的に移動の自由を体感しながら操作することが可能な移動手段ではなくなる。自動車がスマート化されるのと同様に、道路や建造物をはじめとした地理的空間もスマート化され、さらにそれらの相互関係のなかで移動する人々の行為自体もスマート化される。スマートテクノロジーは、この意味でユビキタス化した状態を指している。

このネクサス・システムは、ジョディ・ディーンがコミュニケーション資本主義と問題設定した社会変容と同様の事態を指している[3]。ディーンのコミュニケーション資本主義とは、知的生産性を重視するような生産様式の変容を指す社会の情報化ではない。あるいは、普段のコミュニケーションツールとして、ＩＣＴが効率的にビジネスや組織に活用されるような情報化を指しているのでもない。情報が流通―循環する過程、つまりコミュニケーションそのものが、マーケットの形成と産業を促す資本のモードになることを指摘しているのである。それは伊藤守が指摘するように、「データの集積とＡＩ技術を駆使した解析とそのフィードバックそして次のさらなる高次のデータ収集と解析という何層にも積み上げられた、垂直型に構築された情報回路の私的企業による独占[4]」である。その意味で、移動のネクサス・システムとは、ＩｏＴ（Internet of Things）やＭ２Ｍ（Machine to Machine）によって結ばれたネットワークを情報が流通―循環する過程と、物理的な空間を移動する過程とがシームレスに編成された複合体だといえるだろう。

実際に私たちの日常生活を振り返ったとき、私たち自身がスマートフォンなどのコミュニケーションデバイスを通してネットワークに常時接続していることを想起する一方で、移動という位相から捉えると、自動車や道路、建造物、そして自然環境さえも人間と同様にネットワークに常時接続していることが明らかになる。人間もモノもネットワークの関係項に置かれる。だから、どのように移動するのか、あるいはどのように生活するのかはネットワーク（あるいはスマートフォンなど）が教えてくれるのである。

ダブルバインドとしての電子的パノプティコン

一方に地球環境問題や人々の安全な生活という価値が置かれ、他方にそれを可能にする電子的パノプティコンが求められる。破壊的な状況を避けるためには、このパノプティコンを作らなければならないというダブルバインドな解決策、すなわちアーリーが述べるネクサス・システムは、本章で検討するスマートシティそのものを指しているといっていい。なぜなら、ここまでの議論から明らかなように、物理的位相と電子的位相がシームレスに編成されるネクサス・システム＝電子的パノプティコンは、私たちの移動の自由を終焉させたように、物理的空間に立脚して捉えられてきた都市そのものを終焉させる可能性を示唆しているからだ。

スマートシティは、都市を物理的に建設するのではなく、ＩＣＴのネットワークを構築しながらコミュニケーションを編成しなおす。コミュニケーション資本主義にあっては資本と技術が投下されるマーケットと目され、二〇一〇年前後から世界各地で登場してきている。本章では、スマートシティが登場する過程とその特徴を、コミュニケーション資本主義の文脈のなかで検討したうえで、都市の終焉が生じるような事態を統治の問題として再考する。その際に統治の問題をフーコーが議論した生政治の新たな権力のモードとして検討する。フーコーの生権力は、主に十七世紀から十九世紀を対象にしているが、現在との歴史的な位相の違いを念頭に置いたうえで、権力論としての議論を抽出しながらスマートシティとの関係を検討する。それは、規律型の権力だけでなくセキュリティの権力のモードが拡張し、生活に浸透していく様態である。

1　スマートシティと空間――テクノロジーは何を対象にするのか

スマートシティの取り組みは、すでに世界各地で広がっている。中国や韓国、中東などでみられるように、新しく建設する都市を丸ごとスマートシティ化するケースもあれば、リオデジャネイロやメキシコシティのように犯罪対策に特化して都市を視覚的にモニタリングするケースもある。このような種差性を有しながらも、スマートシティの多くは既存の都市空間やインフラにセンサーを設置し、センシングしたデータをビッグデータ化し、そこから交通やエネルギー、犯罪、観光などの問題解決へとフィードバックし、横断的かつ網羅的に都市をネットワーク化するシステムという点では共通している。現時点では実証的な段階のものが多いが、スマートシティ市場は、二〇二一年には千三百五十億ドルに達するともいわれる。(5)

そしてもう一つ特徴的なのは、都市のスマートシティ化が、地方自治体と企業との協働、いわばパブリック―プライベートのパートナーシップによって進められていることである。スマートシティのシステムの開発と商品化は、IBMやシスコシステムズ、シーメンス、マイクロソフト、NEC、東芝などの企業がおこなう。そのシステムを自治体が導入する。つまり、スマートシティは公共的な領域をマーケットにした一つの産業として成り立っている。このパートナーシップは、例えば「準市場」(6)のような新しい公共性といわれることもあるが、事実上は民間資本が参入する経済的な市場として構成される。だからこそ、「スマートシティは、分野横断的な新たなコラボレーションや問題を解決する新たな方法、そして新しい統治モデルをもたらす[7]」ものになる。つまり、社会をコントロールしていくスマートテクノロジーやネットワークを私企業が担っているという統治についての問題を、あらためて議論しなければならないのである。

そこで、スマートシティを具体的に考えていくために、より身近なスマート生活のシーンから検討していくことにしよう。

健康の管理とスマートテクノロジー

高齢の人々が遊歩道をウオーキングしている。ある地方の街の日常の風景である。ウオーキングをする人々はスマートフォンを身に着け、それで計測したその日の歩数のデータが街の健康保健センターに送信される。スマートウオッチや万歩計型のデバイスを身に着けている人もいる。これらは街から無償で貸与されたものだ。個々の身体の健康のデータが個人カルテになり、さらにそれらのデータは、街の集合的な健康のデータとして集積される。

この町では、成人、とりわけ高齢者の健康の向上を図るため、健康診断の半額を補助し、その診断結果から健康に関する食生活や生活習慣についてのカウンセリングと健康を維持するためのプログラムが提供される。歩数データの集約はその一環であり、そのほかにも血圧をはじめ体調に関するデータが街の医療機関に送信される。こうしたデータと引き換えに、住民には「健康ポイント」が与えられ、たまったポイントは商品券と交換することができる。いわば地域のエコマネーとして使えるようになっている。

こうした事例に近く、社会的にもよく知られたケースに千葉県柏市の柏の葉キャンパスシティがあるが、健康―身体―空間がリンケージするスマートシティは、特定の街に限ったことではない。健康増進法に基づく政策とＩＣＴとが融合する場合には、どこでもあるようなスマートテクノロジーの活用事例である。そこで活用されるＩＣＴあるいはスマートテクノロジーは、人々の生活に優しいテクノロジーだと語られる。しかも、テクノロジーを人々の健康の向上にだけ活用しているわけではないことが容易に類推できるだろう。健康だけでなく、高齢者に何かあった場合に、あるいは孤独な状況に置かれていた場合に、起こるかもしれない不測の出来事を検出するセンサーの役割にも転用できると考えられる。つまり、社会関係資本のためのテクノロジーにも転用できる(8)。また、街に集積されたデータを地域内の医療行政に転用し、ひいては医療費の抑制につなごうと想定しているはずだ。さらに、都市計画にも派生し、ウオーキングする遊歩道に安全を確保するための監視カメラを設置したり、低モビリティを志向した街並みや公園の整備などにも連繋するだろう。

国際的にみればスマートシティの先駆的な例――アムステルダム、シカゴ、ニューヨーク、ダラス、サクラメント、バルセロナ、トロント、深圳、ソンド、リオデジャネイロなど――はすでに数多く存在し、日本でも京都市や、神奈川県藤沢市の Fujisawa サスティナブル・スマートタウン、トヨタ自動車による静岡県裾野市のウーブン・シティをはじめ数多く紹介されている。だが、このようなよく知られている都市ではなく、身近な事例をわざわざ冒頭に挙げたのは、ありふれた生活の姿にこそスマートテクノロジーやスマートシティの特徴が見いだせるからである。

スマートシティは、先にも述べたように実験的な試みも含めて世界のいたるところで登場している。それらは、単にＩＣＴが用いられた都市とか、ＩＣＴによって生活の環境が変容するといったことでは説明できない[9]。スマートシティは前節でも確認したように、ＩｏＴやＭ２Ｍのネットワークからセンシングによって集積されたデータを解析し、エネルギーや交通、人などのフローを監視し、それらのフローを制御・誘導していくテクノロジーの集列体である。これまでは建築や道路などのインフラが人間や商品のフローを支え、生産活動や消費のための条件になっていた。しかし、こうしたインフラは物理的に作られたものであり、その構造はフローを一定の方向へと規定するものだった。だが、スマートシティは、複雑なアルゴリズムによって構成されたコミュニケーションのネットワーク・システムである。例えば、低・省エネルギーやサステナビリティが問題化する領域では、スマートグリッドと呼ばれる電装網の制御技術を用い、効率的な電力のフローを最適化しようとする。電力は水道や交通と同様にフローとして常に動き続けなければならないが、スマートシティでは、このフローそのもの、あるいはフローのネットワークがコントロールの対象になる。どのようなフローが適切なのかは、そのときの条件や状況に応じて変わるが、スマートテクノロジーは常に変動する条件に応じてフレキシブルにフローをコントロールすることを可能にする。

それらは、人間が道具としてハンドリングできるようなテクノロジーではない。人間とテクノロジーとの二項対立関係ではなく、むしろ人間の行動も一つのフローと見なされ、そのフローが適切かどうかを判断し、適切な行動を人間にアドバイスする。それは、監視社会の研究者であるショシャナ・ズボフが指摘しているように、監視資本主義は人々の行動にはたらきかけて調整していく監視テクノロジーと同様の特徴を有している。[10] 先に例示したウオーキングにあてはめてみると、人々の健康をコントロールするスマートテクノロジーのシステムは、データを集めて解析することで、人々に対して健康増進のために最適な生活を提供する。同時に、この自治体の医療や福祉サービスの非効率性や無駄を可視化するだろう。スマートテクノロジーが対象にするのは、住民の健康の向上という課題を介して健康に関するデータのフローを掌握することである。日常のなかで住民の自由気ままな振る舞いをそのままの状態で、データのフローとして吸い上げるのである。

このように考えると、スマートシティとは「都市空間」を物理的に建設することを優先しているのではなく、人やモノのフローを電子的なレベルで表象化、あるいは可視化するものだといっていい。「シティ」と呼ばれるが、それらは何らかの物理的な形状やデザインが必然化された都市ではない。

この点に関して、建築や都市計画の専門家による次のような指摘は示唆に富んでいる。ＩＣＴを活用するスマートシティは、都市の形態に左右されず、人間の活動をどのように変化させるのか、つまりアクティビティを重視して都市をデザインすることが重要になると言明している。[11] スマートシティでは、都市計画や建築的なデザインの対象が、人々の行動のアクティビティになっていることを端的に指摘しているが、ここには建築空間や都市空間を人々に提供するという従来の考え方から、人間の行動のアクティビティと既存の空間との間の最適な適合関係のデザインへと転換することを示している。[12] 建築的テクノロジーがターゲットにするのも、ズボフの指摘と同様に人間の行動の調整である。

スマートテクノロジーと「表象の空間」の視覚化

このようなスマートシティの特徴を考えるとき、あらためて「空間」が問題になる。スマートグリッドなどのテクノロジーは、一種の電子的なインフラとして機能する。実際にスマートシティと名づけられたビジネス都市や新興住宅が建設されている。しかし、こうした目に見える未来都市であっても、比喩的にいうならば、スマートシティは空間を必要とするが、空間を建設するものではない。おそらくテクノロジーと空間との関係が変容しているのである。この両者の関係を説明するために、スコット・ラッシュのルフェーブルについての議論を補助線にして整理しておこう。

ラッシュは『情報批判論』[13]で、「空間の表象」と「表象の空間」との境界が溶解し、デジタル・テクノロジーが浸透するにつれて、「空間」も「表象」とともに客体化、視覚化されることを指摘している。ルフェーブルの「空間の表象」や「表象の空間」という概念は、「空間的実践」とあわせてよく知られている。とりわけルフェーブルが提示した「空間の表象」と「表象の空間」との対立図式では、「表象の空間」は生きられた経験であり、権力の言説が作用する「空間の表象」によってときとして抑圧されるものとして捉えられていた。また、ルフェーブルは、「空間の表象」を批判する一方で、「表象の空間」を例えばアンダーグラウンドの空間やリズムが内在した空間のような、触覚や身体的な次元から捉えていた。いわば、権力の言説によっては捕捉されえない人々の日々の実践が営まれる空間を「表象の空間」として提示していた。

ラッシュがルフェーブルの空間モデルを再考するのは、空間の表象と表象の空間の対立図式の有効性についてである。というのも、ルフェーブルがみていた一九六〇年代から七〇年代にかけての時期とは比べものにならないほど、空間と表象との関係がメディアやテクノロジーによって変容しているからである。イメージや物語として人々の経験世界である「表象の空間」は、テクノロジーの浸透によって客体化が進行する。一方、「空間の表象」も同様にイデオロギーが構成する空間から、客体化された空間、つまりテクノロジーの空間へと移行していく。このような事態が進むと、普遍主義的な言説が構成する空間、つまりルフェーブルが当時考えていたような「空間の表象」は消滅することになる。[14]

「空間の表象」と「表象の空間」がともにテクノロジーの空間へと包摂されるというラッシュの議論から敷衍できるのは、ルフェーブルの「空間的実践」の概念的な配置換えが起きることだろう。「空間的実践」は、交通網や建築物など実際に社会的諸関係＝空間を作り出す生産—再生産といった実践性を意味していた。しかし、テクノロジーによって客体化、視覚化されたネットワーク社会では、「空間的実践」はデータ化されたフローそのものであり、コミュニケーション＝データの流通—循環そのものに取って代わることになる。

表象と人間との間を媒介するような記号やシンボルが客体化されることとは、すなわち意味の世界が重要性をもたなくなることを指しているが、同時に私たちの経験もまた、テクノロジーとフローの空間へと無媒介に直結することを意味している。ラッシュはこのような生活を「テクノロジー的生活様式」と呼ぶ。テクノロジー的生活様式は特定の場所で営まれるのではなく、ネットワークの「プラットフォーム」のように離床した空間に直結している。したがって、スマートシティ（＝空間の表象）とそこでの生活様式（≒表象の空間）は、テクノロジーと人々との対立関係ではなく、一つの平板なテクノロジーの空間のなかに成立する。ネットワーク空間の情報のフロー（≒空間的実践）が物理的空間や生活空間、そして身体に対して直接関与することができるのは、このような空間が斉一的に構成されるからだろう。

2　産業としてのスマートシティ

スマートシティは、ここまで述べてきたように、交通、エネルギー、環境、教育、健康、建築物、インフラ、公共の安全など、さまざまな社会的な問題や課題に対して、ICTやネットワークといったテクノロジーを用いて最適化しようとするシステムである。将来的にはこれらの多様なテクノロジーとシステムをリンケージし、統合するシステムであるスマートシティの実現が目指されている。しかし、何人もの論者が指摘しているように、スマートシティとは何かを一義的に定義することは難しい[15]。それは、学術的な困難さというよりも、スマートシティについての言説がさまざまな行為主体によってもたらされ、現在でも多様なスマートシティの構築が推進されているからである。

ヴィト・アルビノらによれば、「スマートシティ」という言葉が登場したのは一九九〇年代である[16]。その発端になったのは、新しいICTを用いてコミュニティをスマート化することを目的として設立された「スマートシティのためのカリフォルニア協会」だった。当時は、それに対してオタワ大学のガバナンス研究センターが技術オリエンティッドな統治の方法を批判するなど議論があった。ただし、まだこの時期のスマートシティは、都市に対する構想の段階であった。その後、スマートシティ構想が数々提示されるが、スマートという言葉どおり、優しく賢い知的なシステムが人々に提供されるというレベルにとどまっていた。しかし、ＩＢＭが提示したスマートシティ構想には「interconnected」のキーワードが盛り込まれていて、さまざまなデータをプラットフォームに統合することがすでに示されていた。また、「intelligent」も強調され、データについての複雑な分析やモデル化、プログラムの最適化、そして施策の決定を可能にするような視覚的なサービスを提供することを含意していた。

他方、都市計画の領域ではこの時期のスマートシティはイデオロギー的なものだった。政府をはじめ公共的な主体は、持続可能な成長、経済成長、市民の生活の質の向上、幸福の創造といった事柄に向けた戦略的な政策とプログラムを体現するものとしてスマートシティを構想していた。ただし、二〇〇〇年代の初めまでは、ＩＣＴの普及と技術的なレベルには限界があったために、政策よりは人々やコミュニティにとって必要となるもの、つまり、物理的な位相での都市計画の側面に重点を置いていた。しかし、技術的な限界があったとしても、すでに社会のいたるところに配置されていたモニタリング用のセンサーをスマートシティ――エネルギーや交通渋滞対策など――のためのインフラとして使用することは議論の俎上に載せられていた。これらの構想は、現在論じられているような、無線のネットワーク、システムの小型化、無線テクノロジーによる情報処理能力、コミュニケーションと複合的なネットワーク、ネットワーク計画と拡張、網羅的な情報の把握と情報処理、ソリューションサービス、検索と追跡といったスマートシティを構成するものへと連なるものだった。

アンソニー・タウンゼンドがいうように、現在のようなスマートシティの増大を考えるうえで、二〇〇八年は一つの転換点になる。[17] そこには、大きく三つの転機があった。一つは、アメリカ国立統計所による「世界の人口は二〇〇九年に、都市の人口と農村・地方の人口が拮抗する」という人口統計の発表である。人口構造の変容は食糧問題を生じさせるだけでなく、とりわけ発展途上国での都市化の進行を意味している。都市化が世界規模で進めば、化石燃料の消費が増大し、同時に CO_2 も排出する。そして、必然的に都市に供給するエネルギーや水や食料が不足する。また、モータリーゼーションに対応するインフラも整備できていない。

このような人口構造の変化は、実はスマートシティの必要性を論じるときに必ず語られる言説である。抑止することができない都市化と持続可能な成長との両立。しかし、その背景には都市化の過程で増大する CO_2 とエネルギーの不足という状況予測がある。この状況は不可逆的であり、そして破局的である。もはや、エネルギーの過剰消費と CO_2 の増大の因果関係から警告される地球温暖化のレベルを超えて、エネルギーの不足による都市自体の内破が想定される。スマートシティが要請されるのは、都市化―CO_2 増大とエネルギーの不足とのジレンマを反転させる論理、すなわちエネルギーを供給し、かつ CO_2 も抑える持続可能な成長を可能にするものであると期待されるからである。低・省エネルギーで炭素排出を少なくコントロールし、都市を成立させようとする社会工学的なビジョンがスマートシティであるともいえる。

第二に、パソコンや携帯電話などのデバイスとインターネットとの接続で、無線接続が有線を上回った年が二〇〇八年である。その結果、安くて持ち運びできるモバイルフォン、スマートフォンの普及を促し、コミュニケーションとそのネットワークが、さまざまなデバイス同士をつなぎ、同時に私たちのコミュニケーションもこのネットワークのなかに包摂されていく。

ワイヤレスの状態でのネットワーク接続は、先にみたようにラッシュがいうテクノロジー的生活様式だといっていい。このワイヤレスな接続状態のなかで、スマートシティにとっては人と人とのコミュニケーションよりも、ＩｏＴやＭ２Ｍのほうが重要である。とりわけ、二〇二〇年に導入が開始された次世代通信の５Ｇでは、従来とは比較にならないほどの大容量で高速のコミュニケーションが可能になる。[18] 通信速度が10Gbpsまで引き上げられる。同時に、一平方キロあたり百万台の「多数端末接続」が可能になる。５Ｇではほとんど操作のタイムラグを感じないといわれ、ドローンや遠隔医療手術、自動車などの輸送システムの遠隔操作運転も可能になるという。また、８Ｋレベルの映像の送信も可能になり、光ケーブルなどの有線や衛星放送でさえ５Ｇに取って代わられるとされる。つまり、従来の放送も通信も、常時接続可能なネットワークに包括される。

第三に、人々が本人の意思にかかわらず、グローバルなウェブと接続するようになったのもこの時期である。自動車が搭載するＧＰＳ、「Facebook」の開発、あるいはグーグルマップなどが身近なものとして、生活のなかに広く浸透していく。現在の、クラウドやビッグデータというサイバー空間の構築が始まるのである。[19] すでに二〇二〇年の時点で、世界のＩｏＴのデバイス総数は、およそ四百億になっている。このようなグローバルでワイヤレスなネットワークの常態化は、センシングの常態化を意味する。私たちが身に着けているさまざまなデバイスは、常に情報をサイバースペースに提供し、私たちはこうした接続なしには生活が成り立たない。

公共領域への民間資本の参入

二〇〇八年以降の出来事を考えたとき、さらに転換点となる一つの事例は、一〇年にIBMが提供したリオデジャネイロのスマートシティのシステムだろう。[20] このシステムは、一四年のサッカーワールドカップ、一六年のリオデジャネイロオリンピックを想定して導入されたものである。リオデジャネイロの犯罪、交通渋滞、不十分な都市計画といった状況のなかで、IBMが公的なサービスを再構築する役割を担当することになった。IBMは、コンピューターのプログラムを見直し、新たなソフトウエアの導入、そして市内のコンピューターネットワークの最適化を重視していた。IBMは、プログラムやネットワークの整備を主眼に置いたが、象徴的なのはダッシュボードといわれる可視化システムも実現し、公共空間を多角的に監視するための中央コントロールセンターが登場したことである。ダッシュボードとは、自動車や航空機などの計器のように、センシングされたデータを解析した結果を、計器やモニターに視覚的に表示する装置である。コントロールセンターには、それらのダッシュボードがいくつも並び、異常なことを一目で確認できるようになっている。

センシング―監視―ダッシュボードのネットワーク装置は、ロンドンの CASA London Dashboard やダブリンの Dublin Dashboard などですでに大規模に導入され、[21] あるいは治安維持に特化したメキシコシティのCiudad Seguraなどでは標準化しているといっていい。こうした事例をみても明らかなように、二〇一〇年に始まった「ＩＢＭのスマータープラネットキャンペーンは、都市サービスを優先順位が高いものとして位置づけるものだった。このような都市への関心は、シスコやシーメンスといった競合他社などのグローバル企業の後続を促し、スマートシティが一定の市場を形成させる推進力になった[22]」といわれている。

スマートシティは、一つの産業としてグローバルに広がっているが、企業だけでなく政府などの公的なセクターとアカデミックなセクターもまた重要な行為主体として作用している。そのことが顕著に表れているのはヨーロッパの動向だろう。ヨーロッパでは、ＥＵ（欧州連合）がスマートシティを積極的に政策化している。ＥＵでは、コンチェルトイニシアティブによって、二〇〇五年から一〇年にかけてフレームワークプログラムのもとでスマートシティの研究開発が開始された。その後、一一年に「スマートシティとコミュニティ産業政策」、一二年には「スマートシティとコミュニティのためのヨーロッパ技術革新パートナーシップ」が策定され、スマートシティ・プロジェクトへの研究開発支援が本格的に始まった[23]。その後、一四年からは「ホライゾン2020」が掲げられ、一四年以来各年度で二億ユーロ以上の助成がなされている。ホライゾン2020とは、スマートシティに関する研究や実証実験、地方公共団体のスマートシティの導入などに対して助成するファンドである。ほかにも、FIWARE（Future Internet WARE）のようなプラットフォーム開発の動きもある。これは、スマートアプリケーションを開発するためのオープンなプラットフォームで、一一年から始まった官民連携のＥＵのプログラムから生まれたものである。

アメリカでは、ＩＢＭやシスコ、ゼネラル・エレクトリックなどスマートシティ産業が主導している一方で、二〇一五年以降、総予算百六十億ドルのスマートシティ関連予算が計上され、そのうちアメリカ国立標準技術研究所や国立科学財団などの研究予算に四十五億ドルあまりがあてられ、産官学の協働の仕組みを作っている。アメリカは、ヨーロッパと同様に数多くの都市でスマートシティの導入が実施され、導入された各都市の事例が実証実験と産業育成という側面を強くしている。

日本でも同様に積極的な政策誘導が進められている。現在、「Society 5.0」の科学技術政策が進められているが、それと連動するように「未来投資戦略2018」[24]や「スマートシティの実現に向けて［中間とりまとめ］」[25]などを発表している。スマートシティの事例として、前述の Fujisawa サスティナブル・スマートタウンや柏の葉キャンパスシティが紹介されることが多いが、すでに多くの自治体がスマートシティのシステムを導入している。京都府とシスコ、山形県山形市とＩＢＭ、茨城県日立市と日立、埼玉県越谷レイクタウンと東芝、香川県高松市とＮＥＣや香川大学など、規模の大きさに違いはあるもののさまざまな実証実験がおこなわれている。

パブリック―プライベートのシームレス化と資本の空間的回避

これらに共通しているのは、スマートシティと自治体との関係である。それは、システムをパッケージとして地方自治体が単純に購入しているのでも、自治体がスマートシティを単に援助しているのでもない。図9にあるようなスマートシティを手掛けるグローバル企業は、自治体と契約し、それぞれが開発したシステムとともに行政の仕事の一角を担っている。だが、このパートナーシッ

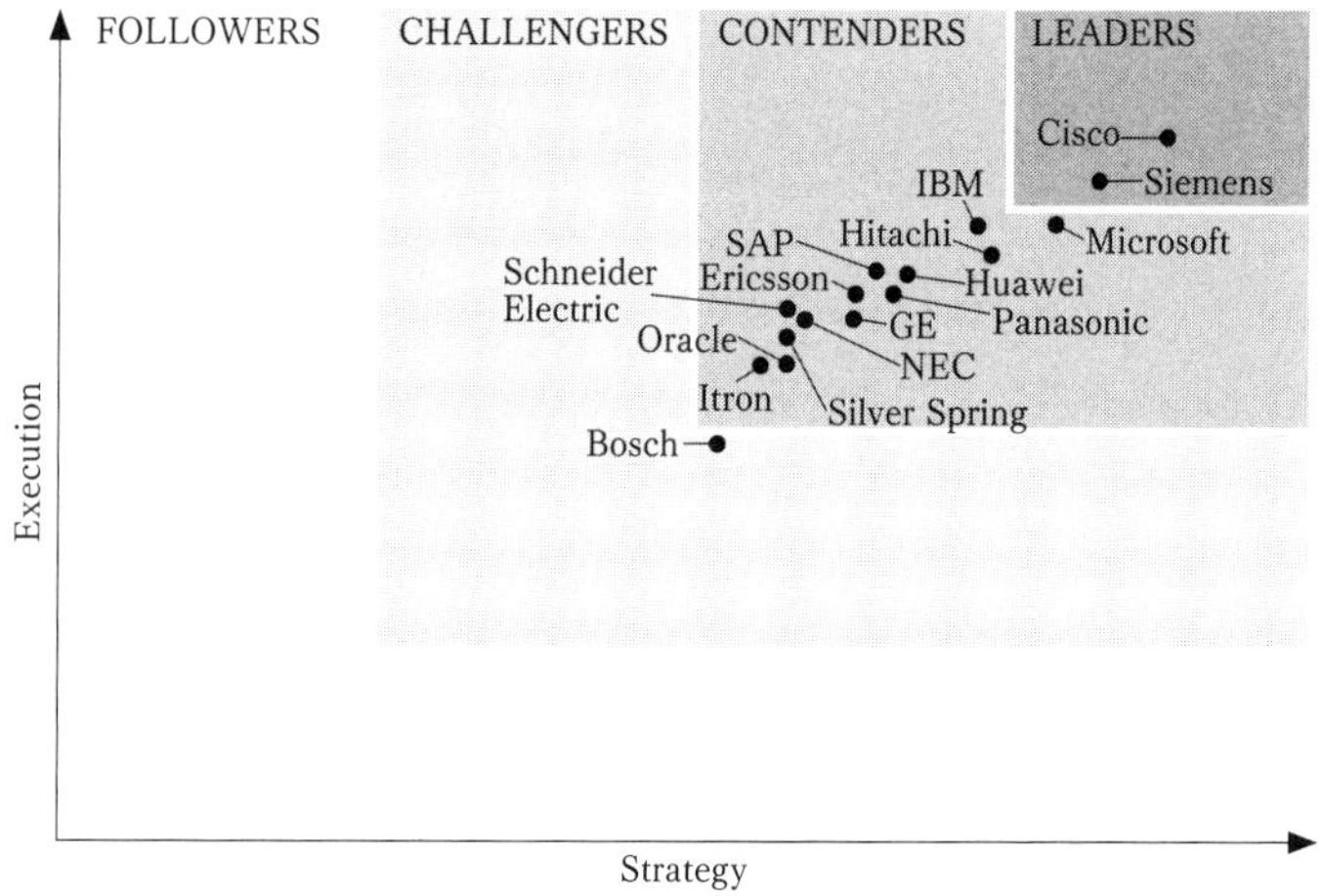

図9　スマートシティを手掛けるグローバル企業
（出典：Navigant Research Leaderboard Report: Smart City Suppliers - Assessment of Strategy and Execution for 16 Smart City Suppliers, 2017. 09. 12）

プは、組織の業務をおこなうためにネットワークやシステムを構築するといったレベルではない。むしろ、行政の公的な領域そのものをスマートシティが機能代替しているのである。さらに、バルセロナに典型的にみられるように、仮想されたスマートシティに、ICT、エネルギー、医療、交通、観光、研究開発などの分野について、社会的なクラスター化をおこない、行政、産業、学術の分野のネットワークを構築し、電子的な経済活動や社会活動をおこなうことも試みられている㉖。

こうした傾向は、端的にいえばスマートシティにとって重要なクライアントの一つが地方自治体や地方都市であることを示している。スマートシティが解決しようとするのは、エネルギーや交通、治安、観光、産業育成などの社会的な課題である。それらは公共サービスに関わる事柄であり、都市計画にも包括的に関係する課題である。スマートシティは先にも述べたように、電子的なインフラという側面をもっているが、それぞれの都市が抱える公共的課題そのものがスマートシティを開発する企業にとって商品化の対象とされ、公共的課題そのものが産業化のためのリソースになっていることを物語っているのである。

このような自治体と民間企業とのパートナーシップは、「公共的領域の外部化」と「公共領域への市場原理の導入＝内部化」という側面を有していて、ともに一九八〇年代以降に始まり、九〇年代以降に加速化した新自由主義の濁流のなかで進行してきた。とりわけ外部化された領域は新しい公共性や準市場などと呼ばれてきた。だが、スマートシティの変遷からわかることは、もう少し入り組んだ構造である。前節で、スマートシティは空間を必要とするが物理的に空間を建設しないと述べたが、センシングや監視、制御などのデバイスは、既存のインフラをはじめとした社会資本に設置され、自動車や住宅、そして人間の身体に装備される。つまり、一方ではインフラなどの公共的な社会資本を民間企業が活用し、他方で消費財や人間の身体といったプライベートな領域のデータを社会の安全や環境の整備へ公共化する。したがって、物理的空間と電子的空間とがシームレスに構成されるのに加えて、パブリック―プライベートな関係もシームレス化していく。スマートシティ化は、この二重のシームレス化を推し進める新自由主義／コミュニケーション資本主義の新たな産物ということができるだろう。

では、このようなスマートシティが、グローバル資本によって世界のいたるところに普及していく状況についてはどのように考えることができるだろうか。

それは、スマートシティ研究の中心的役割を果たしているロバート・G・ホーランズが指摘しているように、デヴィッド・ハーヴェイの「空間的回避」と同様の事態だといえる。[27] ホーランズは、産業的で工業的な都市以上に、スマートシティのほうが空間的回避を生じさせるという。スマートシティは、資本の投資に転換を促す契機になりうるからだ。つまり、公共的なリソースがグローバル資本を引き寄せる誘因になっているのである。端的にいえば、資本は自治体と「契約を交わす」ために移動する。その結果、そのエリアには利潤をもたらし雇用を生み出す。反対にICTや人的資本、スマートコミュニティへの投資から利潤が見込めないならば、資本はほかのエリアへと投資先を変えていく。つまり、自治体と企業とのパブリック―プライベートのパートナーシップの仕組みは、資本が投資される地域とそうでない地域とを生み出し、社会を分極化させるという逆効果を強く生じさせることになる。

この資本の移動と空間的回避について、ハーヴェイが議論する「建造環境」との関係から、もう少し補足的に検討しておこう。空間的回避は、商品の過剰生産や利益率の低下、雇用に結び付かない余剰資本や余剰労働力という再生産のメカニズムが機能しない危機状況を回避するために、資本の移転がおこなわれることを指している。ハーヴェイの議論の特徴は、ベルント・ベリナが指摘するように、過剰蓄積の危機の回避を説明するために、あらかじめ「空間の生産」の次元を設定し、空間の生産が資本蓄積に寄与する論理を重視する。[28] その際に重要になるのが建造環境である。建造環境についてハーヴェイは次のようにいう。

建造環境を構成するこの巨大なインフラは、資本の生産、流通、蓄積を続けるために必要不可欠な物質的前提条件である。さらに、このインフラが良好に機能しつづけるためには、しかるべきメンテナンスが恒常的に必要である。したがって、経済的産出物のますます多くの部分が、このような必要不可欠なインフラを良好な状態に保つために投じられなくてはならない。メンテナンス不足（送電線の機能停止、水道の不具合、運輸・通信システムの混乱）は、最も先進的な資本主義経済においてすらまれではない[29]。

建造環境への投資は、そもそも大規模で長期的な時間軸を想定しておこなわれるものであり、資本は時間的回避としても機能する性格をもっている[30]。ハーヴェイがいうように、インフラは生産、消費、流通を目的とするものだが、その時間性において物理的な景観も作り出すことになる。つまり、建造環境の社会構造が、その地域の景観や生活環境を構成する物理的な空間構造として定着していく。この現実的な生産、消費、流通のための空間を恒常的に保つためには、建造環境が常に作動（空間的実践）していなければならない。ホーランズが捉えようとしているのは、建造環境にスマートシティを重ね合わせ、建造環境と対応したもう一つのレイヤーとしてのスマートシティである。いわば「二重の都市」という階層性が資本の移動を促すのである。

このように、資本の空間的回避の要因は建造環境や都市化に伴って生じる諸問題という公共的リソースである。野尻宣によれば、都市はすでに建造環境への投資を吸収しているから、都市は資本蓄積を有利にし、「労働分業における専門職の地理的集中と、物理的・社会的インフラストラクチュアの空間的・関係編成の有利さと、建造環境への投資を支配するプロセスの優先的決定が顕著になる[31]」。つまり、空間的回避＝資本投資としてのスマートシティは、先に述べたホーランズの指摘で確認したように、資本蓄積が可能な既存の都市へと向かうことになる。それは、既存の都市にインフラがすでに整備されていることと、都市化の進行と相関するエネルギーや交通、犯罪といった都市問題とが離れがたく結び付いているからである。このことは、スマートシティの特徴を端的に示している。問題があればあるほど、スマートシティの資本生産性が高まるのである[32]。

3　生政治としてのスマートシティ

人口と生政治

スマートシティは、ダブルバインドな解決策としての電子的ネットワーク＝パノプティコン化を促し、物理的空間と電子的空間がシームレスに構成されるものであった。そのとき、人間の身体やインフラ、建造物、自動車、メディア、住宅などさまざまなモノはコミュニケーションデバイスとなり、移動や行動といった行為の次元はフロー＝コミュニケーションと見なされる。その結果、パブリック—プライベートの関係もシームレス化する。資本は、このフロー＝コミュニケーションをターゲットにしていく。私たちは、資本のモードが変容したコミュニケーション資本主義を生きている。人間の自由な移動、あるいは従来的な都市もまた終焉していくような事態に対して、本節ではミシェル・フーコーの生権力論の議論を手掛かりにしながら検討してみよう。

フーコーの生権力論は、よく知られているように人々を「生かす権力」だとされる。それは二つの権力の作用から議論される。一つは個々の人間の「身体の解剖―政治学」と呼ばれ、身体の調教、適正化、身体の力の強奪、有用化や従順さを促す「規律権力」である。もう一つは、人々を調整・管理する「人口の生政治」であり、種としての身体に照準し、繁殖や誕生、死亡率、健康の水準、寿命、長寿に作用する権力である。[33]前者は『監獄の誕生』[34]から受け継がれ、個人に照準して規律化する権力であり、後者は『性の歴史Ⅰ』で新たに付け加えられた「人口の生政治」である。フーコーは、両者の違いを以下のように対比している。

規律は空間を建築化し、諸要素間の位階的・機能的な配分を本質的問題として自らに立てる。これに対して安全は、出来事やありうべき諸要素に応じて環境を整備しようとする。[35]

フーコーのこの生権力の二つの対比的な側面は、スマートシティ、あるいは監視社会を論じる際にしばしば議論の争点になる。[36]ただし、フーコー自身が何度も述べているように、規律権力からセキュリティ型の権力へと転換が生じたとか、規律権力がその分析の有効性を失ったということを意味するわけではない。重要なのは、人口の生政治が十八世紀以降に社会に登場しはじめ、新たな「統治」の問題が浮上したことである。フーコーは、『監獄の誕生』を書いたすぐあとにこの統治の問題に取り組み始めたのである。[37]統治性の登場は、食糧難や公衆衛生、治安、死者といった社会問題の登場とともに浮上し、統治の対象が内政＝セキュリティになっていくことを意味している。このとき、出生率、死亡率、罹患率、致死率、犯罪率といった形態で「人口」と「統計」が統治の対象として発見され実定化されていく(38)。個人に作用する規律権力に加え、社会内部に人口の生政治というもう一つの生権力が作用しはじめるのである。実際に、これまで議論してきたように、スマートシティは電子的パノプティコンの側面を有している。その意味では、人間とその身体を子細に監視して馴致させていくような規律権力は現実的に作用している。したがってスマートシティは、規律権力とセキュリティ型権力とがともに作用する生権力のハイブリッドなシステムだといえる。

フーコーは、人口はある自然性を有しているという。だからこそ、この自然性が管理や統治の対象になるという。すなわち、自然性は三つの側面をもつ。第一に、人口は自然環境や人工的な環境などとの相関のなかで増減し、変化する性質をもっている。例えば、感染症のパンデミックや天候不順による食糧難、あるいは社会的貧困などの要因を考えればいいだろう。第二に、人口は個々人の集合だが、こうした人々の振る舞いを正確に予見することはできない。というのも、行動の源泉は人々の「欲望」だからである。第三に、例えば死亡率は田園地帯よりも都市のほうが高いといった具合で、人口の可変性は統計的にその規則性として表れる。つまり、人口とは諸要素からなる一つの集合であり、「その内部では偶発的事故に至るまで定数や規則性が認められうる。そこでは、万人の利益を規則的に生産する、欲望の普遍的なものが評定でき、この集合に関してはそれが依存するいくつかの変数（略）が評定できる(39)」ものである。人口はこのように変化と規則性、そして人々の欲望という自然性をもつものとされ、統治と管理の政治的な対象になっていく。

生政治と都市

フーコーの議論で注目したいのは、人口―統治―セキュリティの権力作用が具体的に発現する場所として都市を取り上げている点である。フーコーは都市と生政治を検討するためにフランスのナントを取り上げる。ナントの都市改造は、有名な十九世紀後半のジョルジュ・オースマンによるパリの大改造よりも一世紀前におこなわれた。ナントは、ロワール川の水運の立地を利用した三角貿易などの通商を通じて、十八世紀以降急速な経済発展によって産業都市に変貌していた。十八世紀は、ヨーロッパで都市そのものが大きく変貌を遂げる時期にあたるが、それまでの都市は城壁で囲われたところもまだ残っていて、国家のなかでほかの地域と切り離された特異な場所だった。ところがこれらの都市が、十八世紀の行政国家の発展のなかで多くの問題を引き起こすようになる。人口増大や経済的な交易、通商が盛んになり、都市それ自体の性格が変わるなかで、都市空間が窮屈になってくる。乱雑にすし詰めにされた状態は治安の悪化を招き、悪臭と疾病の問題を引き起こす。こうした都市を、「空間的・法的・行政的・経済的な枠へのはめこみから解き放」つこと、すなわち「都市を流通空間のなかに置きなおすことが問題[40]」になったのである。

フーコーは、さらに十八世紀のナントが抱えることになった都市問題を解決しようとする、都市計画や建設の言説とテクノロジーについて論じている。例えばヴィニエ・ド・ヴィニイという人物の都市計画に注目している。その計画はナントを横断する大きな道路を建設するものだった。この道路には、次のような四つの機能を付すことを目的にしていた[41]。住宅や人々が密集している劣悪な状態のなかで生じる病気に対する「衛生・換気」「都市内部の通商の確保」「都市の外部につながる道路のネットワークづくり」、そして経済発展によって低下した都市のセキュリティのために「監視を可能にすること」である。つまり、「流通を組織すること、危険なものを取り除くこと、良い流通と悪い流通を分けること、悪い流通を減少させて良い流通を最大化すること」のために、道路とロワール川水系とを都市計画のなかでインフラとして関連づけることだった。

フーコーは、四番目の監視の問題が特に重要だと強調するが、それは広い意味での「セキュリティ」に関わるからである。都市化のなかで、人口流入に伴う犯罪や治安の問題にとどまらず、疾病や衛生の問題もヴィニイの計画には含まれている。つまり、都市改造にあたって、インフラは経済的な流通＝フローをより潤滑に促すことと同時に、都市空間を整備して危険なもの（犯罪や疾病）をできるだけ排除し、安全性を高める機能をもたせることを示したのである。

スマートシティと都市の自然性

ナントの都市改造からわかることとは、社会の内側に統治の対象としての都市が見いだされたことである。都市を劣悪で窮屈な環境から、人やモノ、清潔な空気が流通する人工的な環境へと改造していくこと＝流通空間のなかに人々を配置換えしていくことが、統治の対象として「都市」が見いだされていくことだったといえるだろう。フーコーがいう生権力および人口の生政治とスマートシティとを比べたとき、鍵になるのは「環境」の概念である。

生政治が仕掛ける安全装置は、環境を人工的に作り、組織し、整備する。そして、人々は「自らが身を置く物質性に根底的・本質的・生物学的に結びつくという形でのみ存在するような個人の群れ[42]」になる。そうすると、この物質的な諸要素という自然が、ヒトという種の本性の自然に干渉する結節点、つまり「環境が自然にとっての規定力をもつようになる結節点において権力を行使すべきものとなる[43]」ということになり、権力が作用する領域として環境が登場した。

ここで目指されたのは、人々を規律―抑圧していくことではなく、「人間たちの共存の形式」であり、快適や至福といった「存在から安楽へとむかうあらゆるもの、(個人の安楽を国力とするために) 存在を超えたところに安楽を生産しうるあらゆるもの[44]」だった。

こうした議論を下敷きに、スマートシティに援用していくことは容易に可能だろう。都市のさまざまな空間的流通を情報の流通―循環＝コミュニケーションと見なすことができる。電子的ネットワークは人の行動や移動、エネルギーのフロー＝流通をコントロールしようとする。実際にスマートシティについて語るさまざまな文献資料を通覧すると、optimized energy supply (最適化されたエネルギー供給) とか traffic flow optimization (輸送フローの最適化) などのように最適化という言葉が頻出する[45]。電子的ネットワークは都市を、人々の共生と安寧に向かって最適化＝正常化しようとするのである。

だが、このような生権力の概念的な援用では、フーコーが問題にした「統治」を新たに問い直すという点で不十分だろう。生権力の問題を統治の問題へと組み替えていくとき、対象になったのは「人口の自然性」だった。もちろん、このような「人口」の特徴を焦点にして社会を分析することは、現在でも有効だろう。しかし、フーコーが考えていた人口の自然性と現在との違いを考えたとき、「環境」の位置が変わっていることに気づかされる。人口の自然性は、人工的環境がその前提条件になり、権力が作用する場所である。それに対して、スマートシティのテクノロジーがターゲットにするのは、自然性ではなく、「環境」そのもの、そして環境と人々との相互作用である。つまり環境は、権力が作用する場所から権力の対象になっている。

人口の自然性は、社会（あるいは都市）の内部に発生し、起因するものである。だからこそ都市が統治の対象とされた。その場合、都市と人工的環境は物質的なものとして存在している。スマートシティは、この延長線上で物質的な次元に対してさらに電子的な杭を打ち込み、新たな都市の領域を析出していく。スマートシティという統治のテクノロジーは、前述したように一方では都市の既存のインフラを下敷きにし、他方ではプライベートなコミュニケーションを活用する。パブリック―プライベートをシームレスに、電子的にネットワークすることで、フローとしてデータ化された情報やコミュニケーションの諸関係を統治可能なものにしていく。新たな都市の領域とは、人々の行動も移動もその実在性ではなく、フロー＝コミュニケーション＝情報の流通・循環といった目に見えない抽象化されたデータが、環境として把捉されることでもある。そしてこの環境では、人間もまたスマートシティの一つの構成要素へと還元されるのである。

スマートシティは、確かに地球環境問題やエネルギー、あるいは治安の問題を解決する方策として構想されるが、決して都市そのものを変えようとするものではない。言い換えるならば、スマートシティが直面するこれらの諸問題の原因と結果の関係は、都市の範疇を超えている。むしろ、そこでは諸問題が顕在化しない最適な環境が目指される。諸問題の原因とそれらの現象とを分離し、もっぱら後者をコントロールの対象にするのである。つまり、（フーコーの言い方に従うならば）スマートシティは、新たにテクノロジーによって見いだされた、都市そのものの自然性を統治の対象としていくことを意味している。いわば、スマートシティという都市が都市を統治する二重のレイヤーが形成される。

しかし、私たちはスマートシティが都市を統治するという新たな局面を前にして、次のような二つの当惑と危機感を覚えることも事実である。一つは、都市の自然性をコントロールしようとするスマートシティのなかに私たち自身も住まざるをえないことである。このことは、都市という言葉をめぐる思弁では決してない。フーコーがいう人口の統治のレベルでは、人々の実在的な生活や身体的な本性と物理的な都市とが結び付いていた。だが現在、物理的かつ電子的にシームレスなスマートシティの編成のなかで、私たちは、スマートシティとパラレルな関係にある電子的な環境が、同時に住むための環境にもなっているということに直面する。

そして第二に、スマートシティは都市を統治のために電子的に囲い込む（電子的パノプティコン）という特徴を有していることと関連する。なぜ囲い込むのかといえば、エネルギーが効率的に使われるように操行し、快適なものにするためには、閉じた空間のなかに自己完結するエネルギーやフローの循環を構築しなければならないからである。この点でスマートシティは、例えば地球環境問題やエネルギー問題を内部化し、電子的に統治しているかのようにみえる。だが、地球環境問題や自然破壊、環境破壊といった都市の外部に存在する、災害などのもう一つの自然性が有している圧倒的な物質性の崩壊を考えたとき、スマートシティとその外部との間には決定的な断層があることが顕在化する。スマートシティとして電子的に囲い込むことは、その都市の外部にコントロールできないもう一つの自然性があることを顕在化させるのである。統治することは、檜垣立哉が指摘するように、「統御できない自然性に対し、その偶然性、リスク性、確率性を焦点にしながら、自然や環境の完成することのありえない統治を遂行すること」[46]でもあるのだ。

統治できない対象を統治しつづけるところに権力作用の特質があるとするならば、スマートシティは、電子的パノプティコンとして囲い込もうとすることは必然でもある。なぜなら、このパノプティコンは外部の破壊や破局との関係で構築されるからだ。自然の破壊や破局を統治するのではなく、私たちの生活を統治するための電子的な領域がスマートシティなのである。だから、囲い込まれる都市は、現在私たちが常識的に考えている東京や大阪、名古屋などの都市である必要はない。第2節でみたように、地方であっても電子的に囲い込む必然性はあるのである。つまり囲い込むことで電子的な環境を構築し、資本生産性が見込まれるなら、スマートシティは統治の対象を容易に見いだすことができるのである。

おわりに――コミュナルな統治に向けて

スマートシティはパブリック―プライベートのパートナーシップによって推進される。それは端的にいって、行政が担うべき公共サービスの領域環境、エネルギー、治安、交通などに民間資本が参入して市場化することだった。つまり、スマートシティという統治のテクノロジーが、経済的な市場を通して作用することを意味している。この統治の水準では、これまで議論してきたように、もはや人々がスマートテクノロジーを主体的に利用するという牧歌的な段階ではなく、反対にスマートテクノロジーによって服従・規律化されるというものでもない。

ロバート・ホーランズは、民間資本主導のスマートシティに対して、スマートシティのスケールの問題を強調する。[47] 企業主導型のスマートシティが大きなスケールになるのに対して、より小さなスケールのスマートシティ、むしろスマートコミュニティにオルタナティブな可能性をみている。スマートコミュニティは、エコロジカルなスタイルに典型的にみられるが、この場合はテクノロジーを使用する権利というよりも、都市を具体的に形作ることの権利に転換することを意味している。

このようなオルタナティブなスマートコミュニティは、一面では住民や市民自らが統治の主体になり、統治を民主主義の問題として再考することを意味するだろう。しかし、ホーランズの指摘が示唆的なのは、フーコーの議論をふまえれば、スマートシティからコミュニティ、あるいはコミュナルなものへと統治を転換していく可能性を示しているからである。スマートシティが統治のテクノロジーになる前提は、都市の自然性を数量化し客観化することだった。数量化、客観化をおこなうことで、都市の自然性を統治の対象とすることができる。それに対して、小さなスケールのスマートシティ（コミュニティ）のなかでは、同じく都市の自然性が統治の対象だとしても、コミュナルなものが統治の行為主体となるとき、おそらく数量化や客観化とは違った形態で、都市を再定義することに向かうのである。それは、コントロールすることではなくて、都市の自然性に対して相互作用していくことである。コミュナルなものとはこの相互作用のことを指し、同時に住むという行為と直接連なるものである。スマートシティは、多種多様で小さなスケールのコミュニティの混成によって構成されることや、「技術力に依存するのではなく、社会的、政治的ダイナミズムを再構築することで都市とは何かを定義し直す」という原点に立ち返ることを必然的に伴うからである。つまり、スケールを小さくすること、あるいはスケールを小さくしようとすることは、人と人とのネットワークを必要とし、「個々人のライフスタイルを仕立て直す」ことでもある。(48) スマートシティをスケールの観点から考えることは、スマートシティを政治化する戦略の手立ての一つである。

このようなオルタナティブなスマートシティ（コミュニティ）は、ナイーブで楽天的なものなのだろうか。しかし、第3節で検討したように、スマートシティの外部には自然の物質性（の崩壊）が横たわっている。だとすれば、住むという営みから考えたとき、私たちは、スマートシティとその外部の両方を生きているということができる。住むという行為は、それを放棄できないからこそ存立しているからである。つまり、住む行為とは、住むことを自己統治すること、住むことについて問題を内部化していくことでもある。一方で、住むとは、同時に都市やコミュニティ、住宅といった空間的な諸関係のなかに住まわされているという、両義性をまとっているのである。

スマートシティは、問題と現象を分離し、後者を快適で最適な環境にマネージメントしていくが、それに対してオルタナティブなスマートシティ（コミュニティ）では、住むことに不便さや非効率なものを伴うかもしれない。ただ、統治不可能な外部の自然の崩壊をもう一度住むという営みのなかに受動することは、住むことを再定義しつづけることを意味している。ここでもう一度、冒頭のアーリーが描くディストピアの問題に戻ってみよう。自動車が電子的パノプティコンに取り込まれるのは、自動車に近代のテクノロジーが集約されると同時に、自動車の基盤になる道路もまた近代的な都市計画として設計され敷設されたものだからだ。コミュニケーションデバイスとインフラが結び付くことで電子的パノプティコンは形成されていく。だから、自動車が可能にした移動が従来のインフラとともに成立している以上、監視社会化は必然である。だとすれば、移動それ自体を問い直すこと、多様な移動の種差性を想像しなおすことが、インフラや都市計画を再定義していく契機になる。

スマートシティによる統治は今後ますます増大していくだろう。しかし、前述したように地球環境問題を解決するためのスマートシティという言説は、むしろ解決できない問題を電子的パノプティコンから外部化する。分析の批判的なベクトルは、このスマートシティの統治が抱えている矛盾に向けられるべきである。コミュナルなものが多様だから、統治できないものの看取は担保される。あらためて述べるならば、住む行為は自らを放棄することができないからこそ、外部化された問題もまたコミュナルなものだからである。

注

(1) 前掲『モビリティーズ』四二七ページ

(2) マイク・フェザーストン／ナイジェル・スリフト／ジョン・アーリ編著『自動車と移動の社会学

――オートモビリティーズ』近森高明訳（叢書・ウニベルシタス）、法政大学出版局、二〇一〇年、五八―五九ページ

（3）Jodi Dean, *Publicity's Secret: How Technoculture Capitalizes on Democracy*, Cornell University Press, 2002.

（4）伊藤守「デジタルメディア環境の生態系と言説空間の変容」、伊藤守編『コミュニケーション資本主義と〈コモン〉の探求――ポスト・ヒューマン時代のメディア論』所収、東京大学出版会、二〇一九年、六ページ

（5）*Navigant Research Leaderboard Report: Smart City Suppliers. Assessment of Strategy and Execution for 16 Smart City Suppliers*, Navigant Research, 2017.

（6）ジュリアン・ルグラン『準市場　もう一つの見えざる手――選択と競争による公共サービス』後房雄訳、法律文化社、二〇一〇年

（7）Andrew Karvonen, Federico Cugurullo and Federico Caprotti eds., *Inside Smart Cities: Place, Politics and Urban Innovation*, Routledge, 2018, p. 293, Robert Hollands, "Beyond the corporate smart city?: Glimpses of other possibilities of smartness," in Simon Marvin, Andrés Luque-Ayala and Colin McFarlane eds., *Smart Urbanism: Utopian vision or false dawn?*, Routledge, 2015.

（8）スマートテクノロジーと社会関係資本については、Mark Deakin ed., *Smart Cities: Governing, Modelling and Analysing the Transition*, Routledge, 2013 を参照のこと。また、本章では social capital について、「社会関係資本」を人々のネットワークや社交、「社会資本」をインフラストラクチャーの意味で用いる。

（9）このようなＩＣＴによって社会が情報化されるという情報社会論的言説は、スマートシティを説明

したことにならない。

(10) Shoshana Zuboff, *The Age of Surveillance Capitalism: The Fight for a Human Future at the New Frontier of Power*, Profile Books, 2019.

(11) 日本建築学会編『スマートシティ時代のサステナブル都市・建築デザイン』彰国社、二〇一五年、六一―六二ページ。引用した論点は、田島泰と長谷川隆三の発言をまとめたものである。

(12) このような逆転は、建築が空間をデザインすることを手放すことを意味してしまうのではないかとさえ思える。というのも、建築空間のデザインは、クライアント（公共建築であれば市民、住居であれば住まい手）に対してどこか賭けのような側面があるからだ。つまり、建築家はクライアントが想像していないような空間のデザインをその質感とともに提供するが、この想像のフレームを超えることを、クライアントが受容するかどうかは常に問われているからだ。

(13) スコット・ラッシュ『情報批判論――情報社会における批判理論は可能か』相田敏彦訳、NTT出版、二〇〇六年

(14) 同書二二九―二三〇ページ

(15) Robert Hollands, "Will the real smart city please stand up?: Intelligent, progressive or entrepreneurial?," *City: Analysis of Urban Change, Theory, Action*, 12(3), 2008（https://www.tandfonline.com/doi/abs/10.1080/13604810802479126）［二〇一八年九月十五日アクセス］や、Anthony M. Townsend, *Smart Cities: Big Data, Civic Hackers, and the Quest for a New Utopia*, W. W. Norton & Company, 2013, Vito Albino, Umberto Berardi and Rosa Maria Dangelico, "Smart Cities: Definitions, Dimensions, Performance, and Initiatives," *Journal of Urban Technology*, 22(1), 2015 を参照のこと。

(16) Albino, Berardi and Dangelico, op. cit.
(17) Townsend, *op. cit.*, pp. 1-4.
(18) 現在のスマートシティ構想は、この通信テクノロジーの5Gを前提にして考えられている。
(19) IoTのデバイス総数については、総務省「IoTデバイスの急速な普及」「平成30年版 情報通信白書」(https://www.soumu.go.jp/johotsusintokei/whitepaper/ja/h30/html/nd111200.html)［二〇二一年八月五日アクセス］。また、「Society 5.0」の政府広報では、次のように未来社会を語る。「Society 5.0では、フィジカル空間のセンサーからの膨大な情報がサイバー空間に集積されます。サイバー空間では、このビッグデータを人工知能(AI)が解析し、その解析結果がフィジカル空間の人間に様々な形でフィードバックされます。今までの情報社会では、人間が情報を解析することで価値が生まれてきました。Society 5.0では、膨大なビッグデータを人間の能力を超えたAIが解析し、その結果がロボットなどを通して人間にフィードバックされることで、これまでには出来なかった新たな価値が産業や社会にもたらされることになります」(内閣府「Society 5.0」〔https://www8.cao.go.jp/cstp/society5_0/〕［二〇一八年十月一日アクセス］)
(20) Donald McNeill, "IBM and the visual formation of smart cities," in Simon Marvin, Andrés Luque-Ayala and Colin McFarlane eds., *Smart Urbanism: Utopian vision or false dawn?*, Routledge, 2015 を参照のこと。
(21) この点に関しては以下を参照のこと。Rob Kitchin, Tracey P. Lauriault and Gavin McArdle, "Smart cities and the politics of urban data," in Marvin, Luque-Ayala and Mcfarlane, *op. cit.*
(22) McNeill, op. cit.
(23) 情報通信研究機構「欧州におけるIoTとスマートシティの研究開発に関する動向」(https://

www.nict.go.jp/global/lde9n2000000bmum-att/a1489129184837.pdf)［二〇一八年十月一日アクセス］を参照。

（24）内閣府「未来投資戦略2018――「Society 5.0」「データ駆動型社会」への改革」(https://www.kantei.go.jp/jp/singi/keizaisaisei/pdf/miraitousi2018_zentai.pdf)［二〇一九年四月十五日アクセス］

（25）国土交通省都市局「スマートシティの実現に向けて［中間とりまとめ］」(https://www.mlit.go.jp/common/001249774.pdf)［二〇一八年十月一日アクセス］

（26）この点に関しては、Hug March and Ramón Ribera-Fumaz,"Barcelona: From corporate smart city to technological sovereignty," in Karvonen, Cugurullo and Caprotti, *op. cit* を参照。

（27）Hollands, "Will the real smart city please stand up?."

（28）ベルント・ベリナ「空間の資本制的生産と経済危機――デヴィッド・ハーヴェイの「空間的回避」の概念について」遠城明雄訳、「空間・社会・地理思想」第十六号、大阪市立大学都市研究プラザ、二〇一三年

（29）デヴィッド・ハーヴェイ『資本の〈謎〉――世界金融恐慌と21世紀資本主義』森田成也／大屋定晴／中村好孝／新井田智幸訳、作品社、二〇一二年、一一五ページ

（30）前掲「空間の資本制的生産と経済危機」、野尻亘「David Harvey の建造環境について」「桃山学院大学人間科学」第四十四号、桃山学院大学、二〇一三年

（31）同論文

（32）ジョン・アーリーは、ネットワーク社会の不均衡や不平等が構造化されるメカニズムを「ネットワーク資本」という概念から議論している。前掲『モビリティーズ』を参照のこと。

（33）ミシェル・フーコー『性の歴史Ｉ 知への意志』渡辺守章訳、一九八六年、新潮社、一七六ページ

(34) ミシェル・フーコー『監獄の誕生――監視と処罰』田村俶訳、一九七七年、新潮社
(35) ミシェル・フーコー『安全・領土・人口――コレージュ・ド・フランス講義1977―1978』高桑和巳訳（「ミシェル・フーコー講義集成」第七巻）、筑摩書房、二〇〇七年、二五ページ
(36) ジグムント・バウマン／デイヴィッド・ライアン『私たちが、すすんで監視し、監視される、この世界について――リキッド・サーベイランスをめぐる7章』伊藤茂訳、青土社、二〇一三年、Francisco R. Klauser and Ola Söderström, "Smart city initiatives and the Foucauldian logics of governing through code," in Marvin, Luque-Ayala and McFarlane, *op. cit* など。
(37)『監獄の誕生』が出版されたのが一九七五年。セキュリティや統治の問題に取りかかったコレージュ・ド・フランスでの講義「安全・領土・人口」は、七八年から七九年である。重田園江『統治の抗争史――フーコー講義1978―79』（勁草書房、二〇一八年）は、この講義録とともに統治の問題を詳細に検討している。
(38) フーコーが十七世紀から十八世紀にかけての内政と統治を問題にしたように、アンソニー・ギデンズは『国民国家と暴力』（松尾精文／小幡正敏訳、而立書房、一九九九年）で、社会統計が国民国家の形成の重要な役割・機能を果たしていることを議論している。
(39) 前掲『安全・領土・人口』八六―九一ページ
(40) 同書一六ページ
(41) 同書二二―二三ページ
(42) 同書二六ページ
(43) 同書二八ページ
(44) 同書四〇三―四〇五ページ

(45) 日本でのスマートシティ関連の文献・資料には「最適解（optimal solution）」という言葉がしばしば登場する。例えば、二〇一八年八月にまとめられた国土交通省の「スマートシティの実現に向けて」の中間報告では、さまざまな分野でのＩＣＴなどの新技術の導入によってこれまで想定さえできなかったような最適解の発見と具体化を実現してきた、としたうえで「元来、都市は多様な主体が多様な活動を行っている場であり、一つの分野、あるいは一つの主体にとって最適解が都市全体にとっての最適解にならない場合が多々あることから、都市計画とは分野間、主体間の総合調整、合意形成により全体最適を目指す営みそのものとなっている。そのような認識の下、（略）ニーズとシーズに立脚した、都市全体の観点からの全体最適を提供することをスマートシティの取り組みのコンセプトとする」（前掲「スマートシティの実現に向けて［中間とりまとめ］」）と述べている。そもそも全体最適という言葉は、企業や組織の経営やマネージメントを論じるときにしばしば用いられる言葉である。企業内で生産性や効率性をめぐって、相互の調整や強力なリーダーシップによって企業を全体的に統治していくようなときに用いられる。

(46) 檜垣立哉『フーコー講義』（河出ブックス）、河出書房新社、二〇一〇年、一五〇―一五一ページ

(47) Hollands, "Beyond the corporate smart city?" でロバート・ホーランズは、アジア型のスマートシティとヨーロッパ型のスマートシティとの違いは、スケールの違いとして現れるという。アジア型のほうが大きなスケールになり、企業や国家主導型で作られる傾向がある。それに対してヨーロッパでは、小さなスケールで多様なスマートシティが生まれてくる傾向にある。それは、例えば「海賊党」のように企業に対抗し、ソーシャルメディアを活用したオープンソースやコピーフリーのネットワーク化をおこなうような文化が背景にあると指摘する。

(48) Karvonen, Cugurullo and Caprotti, *op. cit.*

第5章　郊外空間の反転した世界

――『空中庭園』と住空間の経験

1　表象としての住宅

一九九〇年代は、戦後の日本の住宅システムの終わりが始まる時期である。戦後に形成された住宅と社会との関係が大きく組み変わり始める時期である。本章で試みたいのは、住宅が、九〇年代の社会をどのように経験したか、とりわけ、戦後の住宅にとって不可分な「家族」との関係の表象を通してこの経験を捉えることである。

住宅は社会を捉えるための指標として用いられることが多い。例えば、住宅着工数は景気動向の経済的な指標になるし、住宅の形態や立地（持ち家、賃貸、戸建て、集合住宅など）は社会階層を測定する変数の一つになる。あるいは、使い古された言い方ではあるが、マイホームを買うという表現は、私たちの生活の位相では、社会の持ち家率の別の表現として、生活の豊かさの証しの一つになる。こうした捉え方は、住宅がもっている弁別的な機能を利用して、社会の豊かさを測定する方法である。この方法からは、前後の時代との豊かさを比較するような年代論は可能だろう。しかしこれらは、社会の姿を把握するために住宅を一つの変数として用いるものであり、住宅そのものと向かい合おうとするものではない。

住宅は、建築学や住居学という住宅そのものを対象にする領域はもとより、社会学や隣接する人類学、民俗学などにとっても、重要な対象になってきた。(1) 社会学では、家族社会学や都市社会学、地域社会学、メディア研究などの領域で、家族論、階層論、コミュニティ論、ジェンダー論、権力論などの観点から論じられてきた。ただしこうした議論でも、住宅そのものではなく、何らかの主題を議論するための対象にすぎず、主題と不可分ではあるが、あくまでも分析のための補助線という扱いか操作的な変数とされることが多かった。

住宅が経験する社会という言い方は、本来おかしな表現である。住宅はあくまでもモノであり、経験するのは人間のほうだからだ。だが、住宅は単なるモノであると同時に、人々が生きる空間でもある。住宅を原初的に考えるならば、終章「新型コロナ禍と「ホーム」という場所――カフカ「巣穴」を読む」でも検討するように、結界とか被膜、巣穴、要塞といった言葉で意味論的に空間に対して形を与えることができる。あるいは、そこまでさかのぼらなくとも、私たちの日常生活を考えたときに、住宅は私たちの生活そのものになっている。住宅は生活を構成するだけでなく、生活によって生きられる空間になる。それは、集合住宅のような同じ間取りであっても、生活の数だけ住空間の姿が異なることからも明らかだろう。

例えば、家族を考えたとき、住宅はまさに家族の表象になる。[2] なぜなら住宅が、たとえ単身世帯であっても家族の構成や住まい方のニーズと切り離しては設計・供給されないからだけでなく、家族が家族自身を考える際に、住宅が媒介項になるからだ。だからこそ、家族と住宅とを結び付ける言説は、資本やテクノロジーのトポスともなってきたのである。家族と住宅との結び付きは文化的・社会的な恣意性を伴っているが、それが恣意的な関係だからこそ、大規模な資本とテクノロジーが投下され、近代的な産業社会が形成され、さらにそれに適合するような住宅が供給されてきたのである。

交渉過程としての住む行為

ただし、ここで注意が必要なのは、住宅と家族とを考える際に、私たちはしばしば技術決定論的な見方をしてしまうことである。子どもにとっての個室の是非はいまだによく議論されるし、家族関係を住宅の間取りや空間の構成に還元して説明することも多い。住宅が家族関係を決定する、あるいは変えるという技術決定論に対して、認識論的に対峙することはいうまでもなく重要な課題である。しかし、技術決定論的な見方もまた、住宅とそれをめぐる私たちの経験を構成していることも事実なのである。つまり、住宅を操作することで家族関係をなんとかよくしようとしたり、だがその思惑が住宅によって裏切られたりすることも、住宅が生きてきた経験の一角を形成している。

このことは、住宅は家族と不可欠に結び付いてはいても、決して一体ではないことを示している。

住宅とそこに住む者との間には、何らかのずれや不一致が存在する。両者の間には、交渉過程（negotiation）がある。建て替える、増・改築する、室内にさまざまな調度を据える、模様替えをする、囲い込む、あるいは引きこもる……という行為は、この交渉の表現だが、意識や感覚の次元でも、狭い、心地いい、窮屈、逃げ出したいといった感情を住宅に対する違和感として抱くこともある。[3]

近代産業社会に特有な職住分離に対応して、「住む」という行為は、プライベートな領域で食べる、寝る、休息する、性交する、育てる、介護するといった基本的な要素を中心に形成される。こうした行為は、住宅との具体的な関係のなかで営まれる。つまり、住宅とは感情や身体的な交渉過程が織り込まれた空間でもあるのだ。

住宅がどのように一九九〇年代を経験したのか、その社会的経験を捉えようとする際に、本章では「郊外」に焦点を当てる。九〇年代の前半と後半とでは、住宅が置かれる社会的布置、とりわけ資本の作用の仕方が様変わりするが、郊外は九〇年代の前半ごろまでは、大規模な郊外住宅が次々に登場し、住宅もバブルを経験する場でもあった。

そして住宅と郊外の経験を考えていくにあたって、角田光代の小説『空中庭園』[4]に注目する。この小説は、「ダンチ」に住む家族の郊外――より正確には、「部屋」と「風景」――を舞台にした物語である。『空中庭園』が発表されたのは二〇〇二年だが、描かれている世界は一九九〇年代から継続するものと見なしていいだろう。しかしあとで述べるように、『空中庭園』は実際に存在する郊外が舞台ではなく、物語空間が郊外空間そのものとなっている。安部公房の『燃えつきた地図』[5]

とその点で似ているが、ここではあえて『燃えつきた地図』とほぼ同じころに発表された小島信夫の『抱擁家族』(6)を対比させたい。それは、『空中庭園』も『抱擁家族』も東京郊外を舞台にした家族の物語というだけでなく、住空間の構成に同型性をみることができるからである。二つの小説には四十年弱の隔たりがあるが、家族と住宅をめぐる異同をみていくことで、九〇年代の住宅の歴史的位相を確認することができるだろう。

2 郊外と「住まわせる論理」

一九九〇年代は、住宅、あるいは住むという営みにとって、「戦後」の終焉が始まった年代だともいえる。この終わりの始まりは、制度論的にはしばしば「住宅五五年体制」と呼ばれる戦後の住宅システムの転換を指している。(7)

住宅という商品

住宅五五年体制とは、第3章でも議論した、住宅政策の三本柱、すなわち一九五〇年の住宅金融公庫、五一年の公営住宅法、五五年の日本住宅公団の設立によって整備された戦後の住宅政策・供給の制度的なシステムを指している。第3章で説明したように住宅金融公庫は、持ち家政策を推進させる金融の仕組みを作ることであり、日本住宅公団は都市開発を含めた住宅供給主体そのものである。また、六六年には住宅建設計画法（二〇〇六年に廃止）が制定され、五年ごとに「住宅建設五カ年計画」が策定され、社会的目標値を提示していくようになる。それは、住宅の量的な供給と同時に、標準的に達成すべき居住水準と今後達成すべき誘導居住水準の両方を設定していた。

塩崎賢明によれば、戦後の日本の住宅政策は大きく四つの時期に区分できるとする。①戦後復興期（一九四五—五五年）、②成長期（一九五六—七三年）、③変動期（一九七四—九〇年）、④転換期（一九九一年—）。これらは政策的な転換だけでなく、住宅市場の変容の時期区分としても捉えることができる。(8)

とりわけ変動期にあたる一九七〇年代の中頃は住宅供給の比重が量から質へシフトする時期であり、いくつかの変化が現れた。まず量的な側面では、全国の住戸数が世帯数を上回り、空き家率も同時に高まっていく。この時期に、戦後の重要課題だった住宅不足という量的な問題が一定程度解決をみることになる。しかし、量から住宅の質や水準に重点がシフトしていく一方で、住宅建設数は波はあるものの依然として拡大しつづけることになる。この質の重視と量の拡大とは背反するものではなく、例えば七一年の勤労者財産形成促進法や、七九年の住宅金融公庫のステップ償還制度などに代表されるように、住宅金融システムを活用した「持ち家政策」はむしろ推進されていく。つまり、七〇年代の半ば以降、住宅の質が商品化の指標として市場へと吸収されていき、住宅市場自体は自己準拠的に拡大していくことになったのである。(9)

変動期にあたる一九七〇年代には、もう一つ特徴的な変化があった。戦後の住宅政策の一角を担っていた公営住宅の着工数が、同年代半ばから急速に減少していったのである。この現象は、住宅市場に本格的な民間活力と市場原理が導入されたことを意味しているが、その政策的含意は「政府の住宅政策は持ち家建設を経済成長のエンジンとして位置づけ、住宅所有の拡張を主導した[10]」ことだった。

公営住宅よりも持ち家を優先することの意味は、住むという行為が住宅を所有することとして住宅市場のなかで布置されていくことだろう。つまり、私たちの住むという営みが、持ち家政策に偏重した住宅市場のなかで構造化されたのである。

住宅を所有することは資産を形成することであり、住宅所有率が社会的に上昇することは社会的資産の増加を意味している。これは確かに社会的豊かさを示しているが、生活構造の次元では相対的に貧しさを伴う。具体的には、家計に占める住居関連費の割合で表れる。例えば、住宅ローンのような場面を考えてみればいい。住宅取得は資産形成を可能にする一方で、その資産価値は徐々に低下していく。例えば三十年とか三十五年の住宅ローンを返済し終わったときには、住宅の資産価値はほとんどない状態になる[11]。直截的に言うと、住むことは住宅ローンを支払い続けることであり、住宅はローンに縛られることになる。なるほど、これは私たちが住宅を購入する際の当たり前の仕組みであり、ことさら取り上げるべきことではないようにも思える。だが問題は、住むことと住宅を所有することが重なったとき、ほかの自動車や家電などの耐久消費財とは異なって、自らの選択で住宅を購入・取得したにもかかわらず、その住宅から逃れられず、住宅にとらわれてしまう状態になる、住むことをめぐる自己選択の非対称性である。

集合住宅という画一化

住宅建設が拡大していく過程で見落としてはならないのは、建築的な技術と空間開発による画一化という問題である。

住宅を大量に供給するためには、工業化される必要がある。このとき、しばしば注目されるのがｎＬＤＫ＝家族モデルである。[12] 一九五一年に、公営住宅を大量に提供するための住宅モデルとして51Ｃ型が開発された。これは居住のための最小単位を空間の間取りとして析出し、効率的な供給のための標準化を意図したものだった。この標準設計をひな型にして、２ＤＫ、２ＬＤＫ、３ＤＫ、３ＬＤＫなどのモデルが登場してきた。

これらのモデルは、食寝分離や性別就寝などの空間的な分節の原理から間取りとして平面的に表現したものである。「室数＋ＬＤＫ（リビング・ダイニング・キッチン）」の構成は、家族構成に対応している。ここで前提になっているのは核家族である。こうしたｎＬＤＫ＝家族モデルは一種の記号であり、人々に対して家族の住まい方の規範としてはたらくだけではなく、住宅市場でも住宅の大量生産を可能にしてきた。

こうしたｎＬＤＫ＝家族モデルは、戦後の住宅の特徴として何度も議論されてきたが、戦後住宅の空間の画一化を促してきたのはむしろ集合住宅の画一化のほうだと小野田泰明は看破する。[13] 集合住宅の所有権を専有部分と共有部分とに分けて法的に定めた一九六二年の建物の区分所有等に関する法律（区分所有法）という法律が一つの画期になるが、持ち家政策と連動した量的な住戸を社会的に供給するために、住宅が積層される建築的な形式の画一化が進められた。それは、nＬＤＫのような平面的な間取りのモデルだけに還元できるものではなかった。

小野田によれば、戦後の集合住宅で典型的で支配的な地位を占めた建築型は、「北廊下型集合住宅」（北廊下型立体長屋的フロンテージセーブ）である。このタイプは、「エレベーターの配置を節約しながら環境のいい面に、いかに多くの住戸を押し込められるかが、集合住宅開発においては重要なテーマであり[14]」、大量に集合住宅を供給するための建築的な一つの解だった。この建築型は要するに、まず北側の廊下に各戸の玄関を一律に配置し、南側あるいは南東側の採光面に、居間（リビングルーム）を配置する。これはいわゆるnＬＤＫ（典型的には３ＬＤＫ）の間取りだが、画一性は「北（出入り口）―南（採光・居間）」の空間的な配置を立体的に積み重ねていく次元にある。このように集積された住棟が団地を造り、大規模な都市開発と宅地造成とともに社会に供給されてきたのである。持ち家政策が牽引役となった戦後の住宅市場では、戦前の形態とは決定的に異なった形態をもつ集合住宅が、郊外を拡張しながら登場してきたのである[15]。

「住まわされる論理」と郊外

戦後住宅システムはこのように、いわば人々を「住まわせる論理」として作動してきた。持ち家政策が典型的だが、住宅政策は市場と都市開発に住宅供給の役割を仮託することで、人口的な統治を可能にしてきた。家族にとってマイホームを手に入れることは、生活の確からしさを象徴する何かだった。マイホームをもとうとする欲求と住宅システムの「住まわせる論理」とは、一見すると相矛盾するように思える。自ら求めて手に入れたマイホームに住む者は、自分が社会的システムによってそこに「住まわされている」とは受動的には感じないからである。ましてや、政治的な政策に束縛されて半ば強制的に住宅を取得するわけでもない。

マイホームを手に入れることは、生活をよりよいものにしようという積極的な行為であり、住宅市場で住宅を購入することを通しておこなわれる。象徴的な形象であるホーム（home）と物質的な財である住宅（house）とは文字どおり異なるが、あたかも同義であるかのように見なされている点に、マイホームの自明性が形成されるのである。つまり、マイホームとは物質的なものでありながら、物質的なもの以上の価値を有するものである。

ホームと住宅とを結び付けるちょうつがいの役割を果たしているのも、nLDK＝家族というモデルだといえるだろう。先に述べたように、このモデルは戦後の住宅供給を促進する役割を果たしてきたが、同時に、n―L―DKの空間の関係づけが、家族の住まい方を表象する際の記号論的な手掛かりになってきた。つまり、この分節化された空間の具体性こそが、家族とホームとの結び付きを支えているのである。

とりわけ、この結び付きで重要なのは、LとDKとの関係である。nDKの標準形からnLDKプランが一般に普及しはじめたのが一九七〇年代半ば以降である。そもそも、戦後住宅の空間構成のなかで最も顕著な変化を経験した場所が、台所＝DKだった。住宅の奥まった場所にあった台所を、中心の明るい場所へと移動させてきた。さらに、台所＝DKがリビング＝Lと一体化することで、平面配置の象徴的な場所に「L―DK」が位置するようになった。つまり、「LDKの普及にともなってリビングは台所の付属物となり、「マイホーム」の女主人の居場所となった」[16]のである。マイホーム主義と「住まわせる社会的な論理」は一九六〇年代以降の高度経済成長によって加速するが、それらが集約的に具現化する典型的な場所が「郊外」だといっていい。戦後の住宅システムが縮約した場として郊外を論じることは、戦後の日本社会の一面を切り取ることを意味している。とりわけ九〇年代に、「郊外」は社会学にとっても言説の供給源になっていた。[17]もちろん、郊外や団地についての議論は九〇年代以前にも累積されてきていたが、九〇年代の言説のトポスには、現時点から考えれば、先に述べた終わりの始まりを看取するような、戦後社会のある種の満潮感があったと思われる。

例えば、郊外を継続して論じている若林幹夫は、次のような見取り図を提示している。

戦後の住宅地開発やニュータウン開発の歴史や、商品化住宅の変遷などを見ると、戦前の郊外開発を彩った「健康」や「文化」や「芸術」や「田園」の記号やイメージが、実用性や経済性の制約のなかで繰り返し、さまざまな形で変換され、希薄化され、濃縮され、凡庸化されたりしながら生産されつづけ、増殖していったことがわかる。（略）住宅地や集合住宅に冠された「パーク」や「ヴィラ」や「ヴィレッジ」や「フォレスト」などの横文字を配した名称などは、戦後の郊外化の過程で、とりわけ住宅の量的供給が一段落したその後半期に、「豊かさ」や「幸福さ」のイメージがさまざまな形で記号化され、増殖し、郊外という社会の地形の表層を覆っていたことを示している。[18]

ここでいわれる住宅の量的供給が一段落した後半期とは一九八〇年代以降であり、記号とイメージに彩られた住宅群とはニュータウンを指している。[19] 都市の周辺部に登場した消費社会と同型性をもつ空間――ニュータウンについて、九〇年代前半に二つの議論がされてきた。一つは、八〇年代以降の消費社会論の延長線上で記号論分析手法を援用して読み解こうとするもの。もう一つは、高度経済成長期からの物質的な豊かさとは性質が異なる点に注目し、そこにまちと生活の形成のされ方の変容を捉えようとするものである。戦後社会とニュータウンとの間に何らかの社会的断層を見いだそうとする。

内田隆三は、ニュータウンの新たな展開を「土地を基盤とする「共通の場」は不在となり、消費のモードを基盤とし、メディアに媒介された、流動的な記号の空間が形成される[20]」と述べる。記号の空間とは自己準拠的なシミュラークルの空間であり、一つの自律した閉域を構成する。ここで志向されるのは、空間の快適性である。したがって、郊外で生活することは快適な空間を消費することへと向かっていくことを意味している。このような、郊外の消費の空間への移行は、同時に土地に根差した共同性や習俗の喪失でもあった。土地と結び付いた共同性のかわりに、「人工的なプレート」（第二の自然、新たに植林された人工林・自然）がはめ込まれる。快適な消費の空間は、この人工的なプレートの上に、土地から遊離して形成されるのである。[21]

郊外は、人々を「住まわせる場所」である。自然環境と関わりながら集住の形式が形成されたわけではなく、都市計画の意図に沿って造成されたものである。人々を「住まわせる街」として開発された郊外は、地形や水系といった地勢的な条件や、農業や漁業などの自然環境と一体になった生産の条件、あるいは街道や水路といった歴史的な交通の条件などがその形成の要素に備わっていたのではなく、開発段階ではそれらの条件とは無縁な場所に、集住の初期条件を計画的に構造化したものなのである。

この人工的な都市構造は、物質的な都市基盤の次元で上下水道、道路、鉄道、電気、通信などのインフラの網の目として具現化する。工学的で技術的なインフラは、人、モノ、エネルギー、情報が循環するネットワークであり、郊外空間の骨格でもある。ネットワークとしてのインフラを、生活のための基盤であると同時に生態系との関わりや歴史性を欠いた構造と見なすのは、例えば上下水道の循環的な関係を考えてみればいい。上水道は、浄水池から引かれて生活のなかで用いられる。使った水は排水として下水道へと流され、下水処理を経たあと再び河川に戻る。つまり入り口の浄水池（in）と出口の最終処理（out）との間のパイプでつながった閉鎖系のなかに私たちの生活は成り立っていて、この循環系のシステムの外部で生活することはほぼありえない。人工的な循環系のなかに取り込まれた水は、もはや純粋な自然物ではなく、浄化され加工された工学的な産物である[22]。その意味で、これは人工的な自然＝第二の自然であり、人工的な「社会の地形[23]」である。第二の自然は自然の地勢条件から切り離された構造物であり、郊外の生活空間は、まさにその上に載っているのである。

風景としての郊外

郊外には、こうした生活のための条件が初期値として用意されている。一九九〇年代、郊外は先に述べたように、共同体の不在や共同体の集合的な記憶の不在と見なされることが多かった。共同体の形成や記憶の共有に関する不在が初期条件になっているといえるだろう。

小田光雄はこの問題を、一九七〇年前後から八〇年代にかけての代表的な郊外文学作品——安部公房『燃えつきた地図』[24]、古井由吉『妻隠』[25]、黒井千次『群棲』[26]、村上龍『限りなく透明に近いブルー』[27]、立松和平『遠雷』[28]、富岡多恵子『波うつ土地』[29]、島田雅彦『優しいサヨクのための嬉遊曲』[30]など——について、「原風景」との関わりのなかで論じている。「原風景」とは、奥野健男の『文学における原風景』[31]から引き継いだ参照点である。奥野がみていたのは、七〇年前後に発表された後藤明生や黒井千次の文学に、郷里や故郷、あるいは自己形成空間としての原風景がないことだった。それはまさに奥野がいう「山の手という都市の中心部に育ち、居を構える文芸評論家の、七〇年前後からの文学の風景が都市の内側から都市の外側、すなわち郊外へと移行しつつある現象に対する同時代的報告[32]」でもあった。

小田は、この「原風景」を郊外に置き直している。例えば、古井由吉『妻隠』が描くのは、故郷と郊外との風景の重層である。立松和平『遠雷』には、地方都市を舞台とした農村と郊外との混住社会がある。富岡多恵子『波うつ土地』は、大量生産された画一的で均一的な住居の風景や、風景が流動する日常生活に包囲された郊外を描く。島田雅彦『優しいサヨクのための嬉遊曲』では、一九六〇年代生まれのベッドタウン二世の目に映る、ダンプカーやブルドーザーによって人工的に造成された郊外がある。

小田は「原風景」を指標に郊外文学の変容をたどっているが、富岡や島田とそれ以前の作品との間にある断層をみている。「内向の世代」以後の作家たちは、工業社会から消費社会へ、都市や地方から郊外へと物語が変容していく一九七〇年代以降の日本社会のイメージを描き、高度経済成長期以後の日本社会のあり方を否応なく問うていたが、ベッドタウン二世である島田にとっては、もはや物語が発生する場所は郊外以外にありえないのである[33]。

宮台真司も同様の時間軸を設定しながら、焦点を島田以前と以後の郊外の違いに当てている。宮台は、郊外の歴史を「団地化」（一九五〇年代半ばから七〇年代前半）と「ニュータウン化」（一九七〇年代前半以降）の二段階に分けている。団地化の始まりは、住宅公団が千葉に造成した日本最初の団地であり、高度経済成長時代。ニュータウン化は、一九七一年のニクソンショック、七三年のオイルショックを経た安定成長時代に対応している。宮台は、島田の初期の郊外小説は団地化の風景の変貌が基底にあることを指摘し、島田以前と以後では、「開いた空間から、閉じた空間へ。ハイブリッドな空間から、均質な空間へ。絶えず変容し拡大しつつあった団地から、トータルにゾーニングが貫徹したニュータウンへ[34]」と郊外が変貌しているとする。

小田の視点に引き寄せてみてみよう。少なくとも島田や富岡の小説までは「原風景」を手掛かりに作品と向かい合って時代的な比較をすることも可能だった。しかし、ここで考えたいのは、島田や富岡以後の一九九〇年代である。宮台が示唆するように、郊外の造成と風景の変貌の経験そのものが欠如しているニュータウンの場合、つまり「喪失」するという経験自体が失われている場合、「原風景」をめぐる言説の有効性は失効していることになる。おそらく、私たちが九〇年代の郊外を考えるとき、単なる喪失でも郷愁でもなく、忘れたということさえ忘れられているという二重の「忘却の共同性」の空間として、郊外を措定しなおさなければならないだろう。

3 郊外または反転した世界

角田光代の『空中庭園』は、東京の郊外を舞台にした六編の連作からなる一つの家族の物語である。単行本として刊行されたのが二〇〇二年。その後、〇五年に豊田利晃監督、小泉今日子主演で映画化された。これらの連作小説は、高校生の娘の京橋マナ、父親の貴史、母親の絵里子、祖母の木ノ崎さと子、息子のコウ、父親の愛人・北野三奈（物語の途中から息子の家庭教師になり、この家族・京橋一家のなかに入ってくる）のそれぞれの視点から書かれたものだ。六つの物語はまったく同じ時間のなかで展開しているわけではないが、「ダンチ」とそこでの家族の生活に対して、六つの視点から描く六面体の構造をもっている。

『空中庭園』が独特の小説になっているのは、六つの物語を立体的に構成しているだけでなく、場所が特定できる地名をことごとく排除し、記号だけで郊外の空間を描いている点にある。京橋家の五人が住んでいるのは、築十七年の郊外マンション「グランドアーバンメゾン」の五階であり、それが位置するマンション群は、「ダンチ」と呼ばれている（貴史と絵里子の結婚と同時に新築されたダンチに入居したという物語の設定になっているから、一九八〇年代の前半に建設されたマンションである）。この小説に登場するほかの建築群は、ショッピングセンターの「ディスカバリー・センター」、コンビニエンスストア、インターチェンジ、鉄道の駅、ラブホテル「野猿」である。「野猿」は、同様の地名と同名のホテルが東京郊外の多摩地区にあり（ただし、「のざる」ではなく「やえん」である）、多摩ニュータウンを想起できなくはないが、現実の地理関係を思い浮かべても小説のなかの地理空間とは整合しない。しかも、小説で採用されている地理的な距離は、バスで十分とか十五分とかいったように、バスの移動時間で示される。

物理的な距離ではなく、このように時間化された空間認識のなかで日常生活が営まれているさまは、決して特異なことではないだろう。私たちの普段の通勤・通学などの都市生活を考えるなら、交通時間によって測る空間認識のほうがむしろリアルである。都市空間は時間によって地図化されていて、私たちの方向感覚もまたこうした時間の感覚と時間化された地図をよりどころにしている。『空中庭園』では、場所に何らかの表情を与えるような記号さえ徹底的に抑制している。あるのは、先に列挙したようにカタカナの世界である。このように場所性が消去され、小説の空間はこれらの記号によって地図化、地理化される。現実の地理を下敷きにした物語ではない、という点は重要である。実際の地理的な空間を借りているのではなく、小説のなかで「空間の地理化」がおこなわれているのである。

こうした時間化された空間や空間の地理化という点で、『空中庭園』は物語空間の架空性の度合いが高く、むしろそのことが郊外らしさを提示している。だからといって、実在する郊外住宅地が架空性に満ちているというわけではない。「ダンチ」「ショッピングセンター」「コンビニ」「ラブホテル」「インターチェンジ」「駅」といった建築群は、郊外エリアの生活には欠かせない。あるいは、「郊外」が成立するための空間の構成要素がこれらの建築たちである。『空中庭園』はどこでもない空間として描かれるが、どこにでもあるような郊外の空間として小説は外部とつながっているのである。社会学者ならわが意を得たりと感じるような要素がちりばめられているといってもいい。

秘密がない家──折りたたまれた外部と内部

『空中庭園』がそれまでの郊外を舞台とした文学作品と異なるのは、このような空間の抽象度と自己完結性である。『空中庭園』のなかで唯一喪失の経験を語るのは、祖母のさと子である。戦後の高度経済成長の波に乗って地方から上京し郊外で暮らしてきた祖母は、郊外が造成されていく様子を回顧する。祖母だけが故郷の喪失とまちの成り立ちを知っている。この祖母の存在が、一連の郊外小説と同様に戦後の歴史的な時間軸の役割を果たしている。

この作品は、そんな高度経済成長期以降の郊外の変貌を知る祖母さと子と、その娘・絵里子との愛憎が物語の一つの軸になっている。絵里子は母親であるさと子を憎み、そこから逃れようとする。母が住む一九六〇年代に建てられた仏壇がある家から逃れることが、引きこもりをしていた中学生時代からの心に秘めた計画だった。逃れるための戦略が夫の貴史との結婚であり、ダンチのグランドアーバンメゾンを手に入れることだった。このダンチは、さと子が体現するような歴史から切り離されている。

グランドアーバンメゾンに引っ越したとき、たしかに私は、光りかがやくあたらしい未来にやってきたと思った。同い年の女たちが体にはりつく阿呆ドレスで踊り狂っているのも、都心の馬鹿高い高級料理を競うように食らっているのも、うらやましくもなんともなかった。いや、過去形じゃない。私は今でも、光りかがやくあかるい未来だと、あのとき感じた同じ場所に居続けている。[35]

バブル経済の都心での狂騒に対比されるグランドアーバンメゾンだが、その名前には過剰さがある。そして、この過剰さが示しているように、このマンションが建てられたと思われる一九八〇年代の中頃以降、住宅の領域では、一種の住宅バブルが生じていた。都市再開発と金融緩和は不動産バブルを生み出し、数々の商品化された集合住宅を市場に供給していたのである。だから、「光りかがやくあかるい未来」という表現は、家族のための住宅バブルの狂騒を照らし出している。

さて、絵里子は、新しい住宅に理想の家庭を作り出そうとする。絵里子が仕切る家庭には、一つのルールがある。「かくすべき恥ずかしいことも、悪いことも、みっともないことも存在しない。だからなんでも言い合おう[36]」というものだ。これは、絵里子が主導する京橋家のルールであり、家庭のモラルエコノミーである。[37]だが、秘密がないのではない。むしろ、家族のそれぞれは秘密や隠し事に満ちている。だからといって、この家族が虚飾に満ちているわけでもない。むしろ、個人に隠し事があっても、家族は隠し事をしないというルールによって家族はグランドアーバンメゾンで生活している。個人の集まりが家族ではなく、家族と個人とは位相が異なる二つの主体なのである。このルールは父親（夫）や母親（妻）、子どもであっても、家族に関係ないことはオープンにすべきでないという約束事である。つまり、オープンな家族と秘密をもった個人という二重構造で家族関係が成立していて、個人が抱え、隠すべきものが家族に配慮なく吐露されるとき、それらは絵里子にとって嫌悪や憎悪の対象になる。

この家族が住む住空間は、フラットで均質的な空間として描かれ、個室があっても個々人のテリトリーはない。個室は秘密を醸成する場所ではない。個室もまた、家族という主体のための部屋なのである。では、子どもたちの秘密の場所はどこなのか。ショッピングセンターの屋上である。母の絵里子にとっては、コンビニの立ち読みの場所である。他方でこの家族にとって中心になる場所は、リビング・ダイニング・キッチン（LDK）である。そして、この場所はショッピングセンターであるディスカバリー・センターと直接つながっている。京橋一家にとって家族の記念日はディスカバリー・センターで食事をとることが一つの約束事になっているが、この空間はなくてはならないもう一つの大きな部屋であり食卓である。

ショッピングセンターは、郊外の生活にとって必須の空間である。マナは、次のように独白する。

ディスカバリー・センターの出現は、ダンチに住むおびただしい家族と、この町に住む多くの人間を救ったと、あたしは信じている。便利になったことはもちろんだが、もっと精神的な意味合いにおいて、だ。ディスカバリー・センターがもし存在していなかったら、この町、とくにダンチ内ではもっと事件事故率が高かったと思う。自殺、離婚、家庭内暴力、殺人、等々が、ひっきりなしに起きていたかもしれない。（略）ディスカバリー・センターは、この町のトウキョウであり、この町のディズニーランドであり、この町の飛行場であり外国であり、更生施設であり職業安定所である。[38]

ここには、「東京と郊外」、さらに郊外の内部の「トウキョウ（ディスカバリー・センター）とダンチ」の二重構造が構成されている。ディスカバリー・センターは、家族がもつもう一つの部屋である。すなわち、郊外と住空間は、空間の重層構造によって入れ子状に一体になっていて、郊外の外側が内側へと反転し、さらにもう一度、住空間内部に反転していくような空間である。

ところで、角田光代は『空中庭園』以外にも部屋をモチーフにした小説をいくつか発表しているが、それらを通読すると、部屋と部屋との関係に物語を誘発する何かが仕掛けられている。部屋と部屋との関係は、夫婦、親子、恋人、友人といった人間関係の表象でもあるが、しかし、登場人物たちの意識が摩擦を起こし、それを契機とした葛藤や相克に陥ったり反対に和解や融合に至るといった摩擦の契機そのものを共有するような物語にはならない。『空中庭園』でも同様に、それぞれの人物の独白は辛辣で攻撃的なこともあるが、部屋と部屋との関係は、縮まらない人間関係の距離感、縮めてはいけない距離感として描いてあることが多い。それは、３ＬＤＫからなる京橋家の住宅の内部でも同様のことがいえる。息子のコウが捉える住空間は次のようなものである。

「うち、逆オートロックだからなあ」椅子の背にのけぞり、天井を向いてコウが言う。

「何それ」

「ここいらへん一帯、ぜーんぶそうだと思うよ。やっぱりちょっと田舎だしさ、鍵は開けっぱなしも同然で、他人の出入りとか、ざっくりしてるっていうか、かなり適当にしてるんだよな。外の人、わりと自由に招き入れるんだけど、家のなかにもう一個見えない扉があってさ。こっちの扉は、絶対開けないっていうか。暗証番号も教えないし。表玄関は広く開いているんだって宣伝して、オートロックのほうを隠しているんだよね。そんな感じ(39)」

外に対して開き内側に閉じているという反転した構造が、住空間の内部に作られている。ショッピングセンターとダンチとの関係でみたように、「東京―郊外―ダンチ―住空間」は、外部が内側に向かって何重にも折りたたまれている構造だった。それに対して住空間は、外に向かっては開きながら内側に向かっては閉じているという二重構造をもっている。息子のコウが言う「見えない扉」は比喩だが、このことは、住空間内部ではLDKが外部（ソト）になっていることを指している。家族はLDKに向かって開いているが、内側には閉じるのである。

これが、秘密によって支えられた「隠し事がない」京橋家のルールとモラルエコノミーの住空間の姿である。逆に言えば、この住空間は「秘密」と「隠し事がない」という矛盾した要素をともに機能させるのである。

郊外の神話的空間――北と南だけの座標軸

『空中庭園』での「開く―閉じる」という関係は、さらに「北―南」という方向と対応している。郊外空間を俯瞰的に捉え、相対化しようと試みる人物は、この物語では唯一コウだけである。それは、彼が建築に興味をもち、将来は建築関係の仕事をしたいと思っていて、いわばこの小説のなかで建築家の視点で語る役割を与えられているからだ。さらに、彼自身がこの郊外から逃れたいという欲望を持ち始めているからである。

建ち並ぶ高層アパートの、ほとんどすべての窓は南を向いている。ディスカバリー・センター・メインモールの、北側屋上から見える高層アパートの窓は、だから全部こっち向きだ。逆に、病院の五階から見える高層アパートの多くは、こちら側にドアがある。南には全面窓。北には全面ドア。その眺めは、なんていうか、ものすごくみにくい。グロテスクだと思う。[40]

前節で取り上げた「北廊下型集合住宅」の画一性についての小野田泰明の指摘が想起される。北側の外廊下に玄関を配置し、南に面したＬＤＫの窓からは採光を図るというのが戦後の集合住宅の典型的なタイプだった。『空中庭園』のダンチも同様の形式である。つまり、北―南の関係は、ソト（外部）―ウチ（内部）、玄関―ＬＤＫ、暗い―明るい、の関係に置かれる。住空間内部ではその関係が反転し、南―北、ＬＤＫ―個室、明るい―暗い、の関係になる。住空間内部は南側の窓やベランダから光が入るから、ＬＤＫは明るく、北側の玄関は暗い。明るい方向＝ＬＤＫに向かって閉じ、暗い方向＝玄関に向かって開かれているのである。

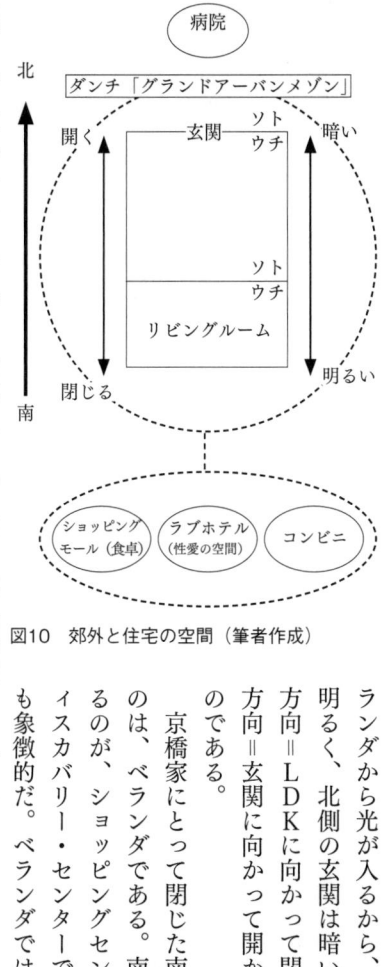

京橋家にとって閉じた南側にあるのは、ベランダである。南側に見えるのが、ショッピングセンターのディスカバリー・センターであることも象徴的だ。ベランダでは、絵里子はガーデニングをしている。それは、あたかも明るい南側が閉じられていることをカモフラージュするかのようである。『空中庭園』というタイトルの含意は、おそらくここにある。

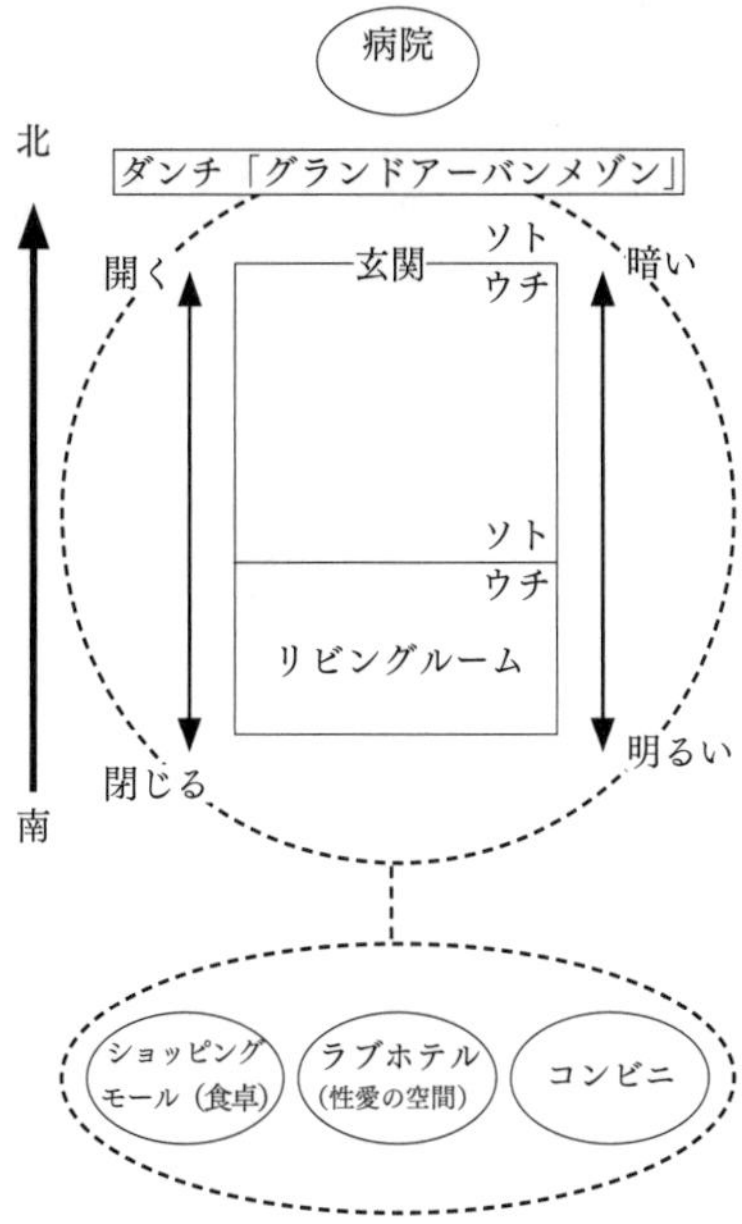

図10　郊外と住宅の空間（筆者作成）

反対に、マンションの北側から見えるものは丘陵地の上に建てられた病院である。この郊外住宅地に住む多くの子どもはこの病院で生まれ、多くの人はこの病院で亡くなっていくのだろう。だとすれば、この北側に開かれた玄関は、病院と向かい合う、生と死の出入り口でもあるともいえる。

こうした空間の読み取り方は初歩的な記号論を用いているにすぎないが、重要なのは、郊外空間が北と南の関係でだけ構成されていることである。人為的に造成され、人工的な環境として形成された郊外と住宅の空間は、このように象徴的に構成された空間として、著者である角田光代によって配置されているのである。

4　性愛の空間としての郊外

郊外と住宅の空間の象徴性を統御する場所は一体どこにあるのか。ラブホテル野猿である。それは、娘のマナの生が宿った場所である。京橋家の出発点が、この性愛の空間である。

あたしはラブホテルで仕込まれた子どもであるらしい。どのラブホテルかも知った。高速道路のインター近くに林立するなかの一軒で、ホテル野猿、という。(41)

マナは、この秘密の場所を探りにいく。

ホテル野猿のうらぶれた外観とはまったく不釣り合いに、それほど古びていない、清潔な、健康的な雰囲気の、どこにでもある、いや、どこかにありそうな部屋が扉の向こうに広がっていた。

あたしんちの居間ほどの広さで、フローリングの床はきちんと磨きこまれており、部屋の真ん中にピンクのギンガムチェックのカバーが掛かった、キングサイズのベッドがある。部屋の奥に二十九インチのテレビがあり、その前には、ギンガムチェック地のソファがある。マチスのコピーが飾られており、ガラスばりのお風呂があった。ここで暮らすことはまったくもって可能であると、あたしはある衝撃をもって思った。[42]

そして、マナがこの部屋の向こうにある風景を発見する場面が、以下である。

ギンガムチェックのカーテンを開けると黒く塗りつぶされた窓がある。はめごろしかと思ったが普通のサッシ窓だった。少しきしむその窓を開けて、あ、とあたしは声を出した。うちの風呂場から見える景色とよく似た光景が広がっていた。枯れた色の田んぼが平坦にのび、そのずっと向こう、空と地面のあいだに線路がある。書き割りにいたずら書きされたジッパーみたいにまっすぐと。[43]

祖母のさと子が孫のコウを助けるために野猿で過ごす場面があるが、さと子もまた野猿から見える風景と実家の絵里子の部屋から見える風景が同じであることを、マナと同様に発見している。『空中庭園』に登場する祖母と母と娘は三人とも、実は、同じ風景で結ばれていることになる。つまり、絵里子の実家とグランドアーバンメゾン、そしてラブホテル野猿は、同じ風景を通していわば演劇的に空間がつながってしまう。

マナが独白しているように、ラブホテル野猿の一室は、グランドアーバンメゾンに住む京橋一家にとっての、もう一つの部屋、性愛の空間である。それは、ショッピングセンターのファミリーレストランがダンチのＬＤＫのもう一つの空間であるのと同様に、住空間から外部化された性愛の部屋なのだ。このことと符合するかのように、３ＬＤＫの京橋家のマンションからは夫婦の性愛が排斥されている。事実、貴史と絵里子夫婦はセックスレスであり、貴史は愛人の部屋やラブホテルをせわしなくちょろちょろと行き交っている。３ＬＤＫのマンションから性愛を排斥したのは絵里子である。絵里子は、夫の貴史を性愛の対象とはみていない。絵里子にとって貴史は、性愛のパートナーではなく、マナやコウと同じく家族である。家族関係から性愛を排斥し、つまりグランドアーバンメゾンの住空間から性愛を排斥することで、この住宅に住むのは文字どおり「家族」以上でも以下でもない単一の主体になったのだといえるだろう。あるいは、住宅にとって、性愛の空間は必然的なものではないことを物語っているともいえる。なぜなら、何度も述べたようにラブホテル野猿はショッピングセンターであるディスカバリー・センターと近接していて、グランドアーバンメゾンにとってこの二つの建物は並列した二つの部屋だからだ。

家族を囲い込むこと

ここで、一九九〇年代の郊外の住宅と住空間を考えていくために、『空中庭園』の四十年近く前に発表された小島信夫『抱擁家族』を参照してみよう。というのも、アメリカ式に建てられた郊外住宅が舞台の『抱擁家族』と３ＬＤＫのなかの家族を描く『空中庭園』とは、リビングを中心とした住空間構成という点で同型であり、ともに家族の物語でもあるからだ。

小島信夫の『抱擁家族』でも住宅は重要な物語の要素である。『抱擁家族』は一九六五年に「群像」（講談社）に発表された。近代日本文学の文脈でいえば、いわゆる姦通小説である。妻・三輪時子は、アメリカ進駐軍の若い軍人ジョージと不倫をする。ここから家族の物語が始まる。この不貞に対して夫・俊介は何のサンクションも与えることができない。むしろ逡巡し、迷う。あげくに時子に言いくるめられてしまう。「家の中を立てなおさなければならない」と何度も吐露するが、その吐露自体がふがいない夫の証左になる。ここには、強靭な「父」の姿も、家長としての父権も見当たらない。

江藤淳は、この「父」のなさについて、『成熟と喪失』で、日本社会の近代化と敗戦の経験がもたらした戦後日本社会の必然として説明してみせた。

近代日本の社会が、「父」のイメージを稀弱化し、敗戦がさらに支配原理そのものを否定した（略）。彼には「母」もなければ「父」もない。ただ「家」だけがあり、その中を治める手がかりを俊介はどこにも見出せない。(44)

江藤の『成熟と喪失』は、その副題が「〝母〟の崩壊」とあるように、母＝自然と見なされる日本社会の母性原理が、戦後とりわけ一九五〇年代半ばから六〇年代半ばの急激な産業化のなかで崩壊していくさまを、父性の喪失とパラレルな事態として論じていた。(45)だが、斎藤環が指摘するように、江藤には読み込みの過剰さがある。俊介の中途半端さ、強権的父権を行使することへの逡巡は、むしろ「他者としての妻」の不透明さ、わからなさを前にしたときの戸惑いではないのか[46]。

主人公の俊介が求める妻も、子どもにとっての母も、主婦も、家のなかに確固とした焦点を結ばず、家は不安定で不安をもたらす場所としてしか存在しない。俊介の意識は時子の不貞そのものに向かうというよりは、不貞にどう対峙し、どう扱っていいのかという、俊介自身の自意識へと跳ね返ってきてしまう。この自意識を表象する鏡のような役割が住宅である。時子の不貞とは、俊介にとっては、母であることも主婦であることも、もしかしたら妻であることも拒否することを意味している。

『抱擁家族』には二つの家＝住宅が登場する。一つは、時子の不倫が明らかになる都心に近い日本家屋で、不倫が発覚したあと塀で俊介が囲い込みたがった住宅である。もう一つは、俊介が家のなかを立て直そうとした結果、時子の提案に乗せられて移り住む、新宿から小田急線で四十分のところにあるアメリカ式の住宅である。夫婦の住宅をめぐる攻防は、家＝住宅に対する思惑がすれ違いながらおこなわれる。実は、日本家屋のほうに住んでいた時期、俊介もまた外で不倫を繰り返していた。それに対して時子の不倫は家のなか（息子の部屋）でおこなわれた。この時子の家のなかの不倫は、夫への裏切りや夫婦の亀裂ということと同時に、俊介にとって空間的に侵食されたと感じたといえるだろう。だから「家の中を立てなおす」とか「家がけがれている」といった俊介の言葉は、観念的なものではなく、妻の不倫がおこなわれた住空間に対する直截的な表現なのである。

どうしても、ああしなければならないと思った。そう思うと活路がひらかれたように彼は感じた。（略）「この家にもっと大きな塀がほしい」「塀？」「かこってしまうんだ」（略）おれは時子を閉じこめたい。閉じこめておいて、おれや家族のことしか考えないようにさせたい。しかし俊介はそのことを勿論口に出さなかった。「問題はな、時子、中の生活だよ。どう仲睦まじくくらすかということだよ」（略）しかしけっきょく時子は家のことを考えていた。「こんど作るなら、どうしたってアメリカ式のセントラル・ヒーティングというやつにしなくっちゃ(47)」

家を囲い込みたいと欲望する俊介は、住宅という装置を使ってそのなかの家族関係・人間関係を領有し、不倫によって外部の者から侵食された性愛の空間を独占しようとする。しかし、そんな俊介の思惑を見透かすように、時子は巧妙に、住宅そのものへと欲望を向けていく。その結果、家族は郊外にアメリカ式の住宅を建てて移り住むことを決める。この住宅は時子の欲望を体現したものだ。俊介の欲望は実は中途半端で、むしろ時子の欲望を模したものであり、しかもその中途半端さについて俊介自身が最もよく自覚していたのである。

病のメタファーとしての住宅

『抱擁家族』は時子の不倫について論じられることが多いが、アメリカ式の住宅が家族のなかで明確な役割を演じるのはむしろ、時子のがんの発覚と死、その後の俊介と子どもたち、家政婦、同居人との物語のほうである。時子の死は、妻の不在、主婦の不在、母親の不在を意味するが、『抱擁家族』の後半は、それら三重の不在のなかで家族の成立が可能かどうかが、父親である俊介によって賭される物語だといっていいだろう。だが、妻・主婦・母親の役割はどれも時子が生きていたときから欠如していたことは前に述べたとおりである。

時子の死と相前後して、俊介はアメリカ式住宅にさまざまな外部の人間を住まわせる。新しい家政婦の正子、もとの家政婦のみちよ、息子の友人の木崎、居候の山岸が同居する。俊介は、「誰か他人がいなければ、他人がいなければ」と吐露する。表面上は、時子の死後に家族をなんとか保ち続けるために、サポートしてくれる人を探す方策のようにも思える。

だが、アメリカ式住宅が時子の欲望を体現したものであることを考えるならば、この住宅は、病＝がんのメタファーだと捉えることも可能である。つまり、外部から招き入れる他人は異物なのだ。時子の身体ががん細胞に侵されていくのと同じく、住宅もまた他人に侵されていくように俊介自身が仕組んだのである。だとすれば、これは家族を保つどころか、自らの手で家族を崩壊させようとすることである。それは、家族の成立自体を自己否定する俊介の狂気なのか、あるいは象徴的な妻殺しの狂気なのか。いずれにせよここでは、住宅は家族を崩壊させるための装置と化している(48)。

『抱擁家族』の後半が父子関係の物語だとしたら、『空中庭園』は母娘関係の物語である。絵里子はさと子に対する愛憎から、理想的な家庭を築くためにグランドアーバンメゾンの空間を仕立て上げていく。バブル期にこのマンションを購入したときに、絵里子は「勝った！」と感じた。バブルに踊らされている同年代の女性たちに対してだけでなく、母親のさと子に対してもそう感じたのだった。

『抱擁家族』と『空中庭園』の間には約四十年の隔たりがある。戦後住宅システムの始まりの時期の『抱擁家族』とその終わりの時期の『空中庭園』の間には、郊外住宅そのものの変容がある。だが、はたして何が変わったというのだろうか。『空中庭園』は、家族の不確かさを隠し通そうとする物語であり、『抱擁家族』は不確かさを露呈させようとする物語である。住宅は、『抱擁家族』では家族の秘密を作り出す装置であり、『空中庭園』では秘密を暴き出す装置である。つまり住宅は、家族であること、あるいは家族ではないことを再定義＝交渉しつづけることで、住宅として成立するのである。あるいはそうした振る舞いを、住宅は家族に要請する。『空中庭園』で性愛の空間を追い出すことが、家族が住宅に住むためのまっとうな作戦になりえているのだとしたら、それを可能にしているのは、郊外と住宅とが形成する空間的な反転装置である。

その意味で、四十年弱の隔たりがある二つの小説は、住宅、とりわけリビングルームを中心にして、ちょうどポジとネガの関係にあるといえるのではないか。『空中庭園』の主人公が隠そうとしたものとは、『抱擁家族』の物語そのものだと見なすことも可能なのである。

『空中庭園』の祖母さと子は、『抱擁家族』の俊介や時子とほぼ同じ年代に属している。さと子が上京して郊外に住み始めたのは、俊介がアメリカ式住宅を建てたころである。絵里子は、おそらく一九六〇年代の前半に生まれていると思われ、俊介の娘ノリ子とほぼ同年代である。『空中庭園』は、四十年後に書かれた『抱擁家族』の続篇と考えるのは、うがちすぎだろうか。

『空中庭園』では、夫の貴史は物語の最後に「逃げてえ」と独白し、そのすぐあとに「次の瞬間、はじめて疑問を抱く。どこへ？　逃げてえ、その先がこのちいさな家でなかったら、ぼくはどこへ逃げ帰りたいのだろう？」(49)と自問している。これが四十年前の『抱擁家族』への返答だとしたら、あまりにも皮肉である。

おわりに――「住まわせる論理」のゆくえ

一九九〇年代は、戦後の住宅システムの終わりの始まりの時期である。それは、郊外が終わったとか、テーマパーク化した集合住宅群の建設が停滞したとかいうことを意味しているのではない。大きな空間からなる建築群の供給システムが変わり始めるのである。

第2節で論じたように、戦後の持ち家政策は、日本の住宅市場と住宅階層を形成し、同時に金融政策、経済刺激策の一つの手段としても用いられてきた。こうした一連の制度は住宅五五年体制といわれてきた。この体制の解体は、第1章でも指摘したことと同様に、不動産と金融資本とが結び付き、空間そのものが金融商品化する流れのなかに住宅も取り込まれていくことを意味している。いわば「空間の動産化」によって、従来の持ち家政策が誘導してきた住宅市場とは異なった水準で、マーケットが形成されることになる。

では、こうした資本の運動と住宅との関連はどのようなものなのだろうか。かつて多木浩二は、現代の核家族は、個人を成立させた資本主義の文化の一つであり、個人間の性愛は資本主義を基礎に成立し、またこの個人的な性愛の巨大都市の郊外ニュータウンは、「個人間の性愛と子供との関係を含んだ核家族の一大集団」であると指摘していた。そして、郊外とは「性愛」を空間的に構成して配置する一つの建築形式の姿であり、「ニュータウンの巨大集団を覆っているのが、性愛についての集団的な夢想であり、それがある種の快適さを一般の人々にあたえているとしても、同じニュータウンはこうした未解決の性差の問題をふかぶかと抱え込んでいるし、こうした住居を獲得するための経済的負担が重くのしかかっている(50)」と述べる。

こうした多木の指摘をふまえるならば、「性愛」が住宅と郊外とのミクロ―マクロの関係を媒介し、家族とジェンダーポリティクスが住宅として物質的に建築されることを意味する。性愛と家族との自明性がこれらの一連の過程を貫いている。そして、『空中庭園』の物語空間は、この性愛と家族、住宅の関係を照らし出している。

『空中庭園』では、これまでみてきたように、妻によって夫との性愛の空間を住宅から外部化する戦略がとられていた。それは、家族と住宅から性愛を分離＝外部化し、住宅を家族という一個の主体との照応関係だけに集約しようとすることである。だとすればこの戦略は、戦後住宅システムを支えてきた性愛と家族の自明性への、住宅という場所でおこなわれる一つの抵抗する住まい方である。そしてもう一つ重要なのは、住宅と家族の中心の場所であるＬＤＫが、郊外のレストランと直結しているように、住宅は外部とつながることで成立する一つの建築的なシステムになっていることである。

戦後の住宅システムは、所有のスタイル（つまり資産形成）で住宅を供給してきた。それは、住宅が人々の生活のリスクを制御する一つの象徴財として機能してきたことを意味している。しかし、金融市場と直結したとき、リスク管理は新たな次元に移行することになる。家族の生活のリスクを受け止めるものだった住宅は、それ自体がリスクの対象に変わったのである。それは、あたかも家族自体もまたリスクになっているかのようである。性愛の空間を追い出し、LDKも性愛の空間と同様に外部とつながることが、住宅と家族との関係を維持していくためのリスクへの対処の方法だともいえるのである。

注

(1) 社会学では、住宅そのものを対象にした研究の蓄積はそれほど多くはない。一九九〇年代には、都市社会学の領域で住宅階層やハウジング・チェーンが議論された。磯村英一『住まいの社会学20章』(毎日新聞社、一九八四年)は、住宅に対して多角的に記した断章群である。森反章夫「集合住宅の「社会的技術」——「空間の戦略へ」」(文化科学高等研究院/都市文化科学研究センター編『都市・空間・建築の根拠をさぐる——空間の存在論へ』所収、飛島建設開発事業部、一九九一年)は、戦後の住宅制度を住宅五五年体制として分析したものである。鷲田清一/伊東豊雄、山本理顕編『徹底討論 私たちが住みたい都市——身体・プライバシー・住宅・国家 工学院大学連続シンポジウム』(平凡社、二〇〇六年)は、社会学と建築家によるnLDK=家族モデルに対する問題提起である。祐成保志『〈住宅〉の歴史社会学——日常生活をめぐる啓蒙・動員・産業化』(新曜社、二〇〇八年)は、「住宅」の近代化の過程を丹念に考察した歴史社会学の成果である。本章と同様に「交渉過程」という方法論的視点から議論している。

(2) 西川祐子『住まいと家族をめぐる物語——男の家、女の家、性別のない部屋』(集英社新書)、集英

社、二〇〇四年

(3) 米沢慧『都市の貌（かたち）』（冬樹社ライブラリー）、冬樹社、一九九〇年

(4) 角田光代『空中庭園』（文春文庫）、文藝春秋、二〇〇五年（初出：角田光代『空中庭園』文藝春秋、二〇〇二年）

(5) 安部公房『燃えつきた地図』新潮社、一九六七年

(6) 小島信夫『抱擁家族』（講談社文芸文庫）、講談社、一九八八年（初出：小島信夫「抱擁家族」「群像」一九六五年七月号、講談社）

(7) 前掲「集合住宅の「社会的技術」」、佐幸信介「再生産戦略としての〈住居〉――戦後住居システムの変容」、日本大学法学会編「政経研究」第四十三巻第二号、日本大学法学会、二〇〇六年、前掲『〈住宅〉の歴史社会学』、小野田泰明「デザインされる空間――視線と集合住宅」、前掲『空間管理社会』所収、同「住まうことのメタファー」、吉原直樹／斉藤日出治編『モダニティと空間の物語――社会学のフロンティア』（シリーズ社会学のアクチュアリティ：批判と創造）所収、東信堂、二〇一一年

(8) 塩崎賢明「戦後日本の住宅問題と住宅政策」『住宅政策の再生――豊かな居住をめざして』日本経済評論社、二〇〇六年、六二―六三ページ

(9) 前掲「再生産戦略としての〈住居〉」

(10) 前掲『不完全都市』五二ページ

(11) 住宅ローンの返済月額と同等程度の賃貸物件への支払いを比較するとローン返済のほうが安い傾向にあることも、持ち家政策の構造的特質を表している。持ち家政策は先進諸国の多くで採用しているが、ピエール・ブルデューは、『住宅市場の社会経済学』（山田鋭夫／渡辺純子訳〔Bourdieu Library〕、

藤原書店、二〇〇六年）で、一九七〇年代以降のフランスでは賃貸住宅が社会的豊かさを担保し、逆に持ち家政策が社会階層の再構造化を促しながら相対的な社会的貧困をもたらしたことを論じている。

(12) 布野修司「世界の居住形態と家族」、早川和男編集代表、鈴木晃／岸本幸臣編『家族と住居』（「講座 現代居住」第二巻）所収、東京大学出版会、一九九六年、鈴木成文／上野千鶴子／山本理顕／布野修司／五十嵐太郎／山本喜美恵『「51C」家族を容れるハコの戦後と現在』平凡社、二〇〇四年、前掲「再生産戦略としての〈住居〉」、など。

(13) 前掲「住まうことのメタファー」。公的な社会資本として住宅を供給するにせよ市場を通して住宅を供給するにせよ、一定の量を社会的に提供する際にもう一つ重要な役割を果たしたのが集合住宅という形式だった。日本の集合住宅の最初の形態の一つは長崎県の軍艦島にある旧・三菱高島炭鉱端島アパートだといわれる。渋谷などの同潤会アパートも第二次世界大戦前の代表的な集合住宅である。

(14) 同論文一六六ページ

(15) 集合住宅の画一性は、安部公房『燃えつきた地図』の冒頭のシーンで次のように描かれている。「するとたちまち、風景が一変した。白く濁った空に、そのまままつづいているような、白い直線の道。幅は目測で約十メートル。その両脇の歩道との間に、ちょうど膝くらいの高さの柵で囲まれた、枯芝の帯がつづいていて、その枯れ方が一様でないせいだろう、妙に遠近法が誇張され、じっさいには各階六戸、四階建ての棟が、左右にそれぞれ六棟ずつ並んでいるだけなのに、まるで模型にした無限大を見ているような錯覚におそわれる」（前掲『燃えつきた地図』八ページ）

(16) 上野千鶴子「［総論］戦後日本の欲望と消費」、上野千鶴子編『色と欲』（「現代の世相」第一巻）所収、小学館、一九九六年

(17) 例えば、多木浩二『都市の政治学』（岩波新書）、岩波書店、一九九四年、三浦展『「家族と郊外」

の社会学——「第四山の手」型ライフスタイルの研究』PHP研究所、一九九五年、内田隆三『さまざまな貧と富』（21世紀問題群ブックス）、岩波書店、一九九六年、小田光雄『〈郊外〉の誕生と死』青弓社、一九九七年、宮台真司『まぼろしの郊外——成熟社会を生きる若者たちの行方』朝日新聞社、一九九七年、若林幹夫／三浦展／山田昌弘／小田光雄／内田隆三『「郊外」と現代社会』（青弓社ライブラリー）、青弓社、二〇〇〇年、など。

(18) 若林幹夫「都市への／からの視線」、今橋映子編著『リーディングズ 都市と郊外——比較文化論への通路』所収、NTT出版、二〇〇四年、四〇一ページ

(19) 人口動態を指標にした戦後の郊外住宅の変遷については、松本康編著『東京で暮らす——都市社会構造と社会意識』（〔都市研究叢書〕、東京都立大学出版会、二〇〇四年）を参照。

(20) 内田隆三『国土論』筑摩書房、二〇〇二年、三六三ページ

(21) 同書三六三—三七〇ページ

(22) ただし、このような人工的な循環系が自然の循環系から切り離されて接続する構造は、都市や都市圏に限られるわけではない。下水道普及率は、六〇パーセント程度で都道府県の間で格差があるものの、全国的により広範にみられる構造になっているからだ。問題は、住むという営みの初期条件が、アプリオリに充当されているかである。その意味で、すでに形成されている集落に事後的に敷設される場合と、あらかじめ初期条件としてある場合とでは、やはり決定的に異なるのである。例えば農村地域では、生態系から取り入れる水は相互扶助や生活の共同性の重要な要素であり、下水道は直接生態系に排水するという形式をとっていたことを地方のフィールド調査で聞くことができる。

(23) 人工的な「社会の地形」については、前掲『郊外の社会学』を参照のこと。

(24) 前掲『燃えつきた地図』

(25) 古井由吉「妻隠」「群像」一九七〇年十一月号、講談社
(26) 黒井千次『群棲』講談社、一九八四年
(27) 村上龍『限りなく透明に近いブルー』講談社、一九七六年
(28) 立松和平『遠雷』河出書房新社、一九八〇年
(29) 富岡多恵子『波うつ土地』講談社、一九八三年
(30) 島田雅彦『優しいサヨクのための嬉遊曲』福武書店、一九八三年
(31) 奥野健男『文学における原風景――原っぱ・洞窟の幻想』集英社、一九七二年
(32) 前掲『〈郊外〉の誕生と死』一七六ページ
(33) 同書二三三ページ
(34) 宮台真司「『忘れられた帝国』解説」、島田雅彦『忘れられた帝国』(新潮文庫)所収、新潮社、二〇〇〇年、前掲『リーディングズ 都市と郊外』四二四ページ
(35) 前掲『空中庭園』一〇八ページ
(36) 同書一三五ページ
(37) 家庭のモラルエコノミーについては、Roger Silverstone, *Television And Everyday Life*, Routledge, 1994 を参照。
(38) 前掲『空中庭園』三一ページ
(39) 同書二〇四ページ
(40) 同書二四五ページ
(41) 同書九ページ
(42) 同書二一ページ

(43) 同書四七―四八ページ

(44) 江藤淳『成熟と喪失――〝母〟の崩壊』(講談社文芸文庫)、講談社、一九九三年、一四六―一四七ページ

(45)「母の崩壊」を「父の欠落」に置き換えようとする江藤淳の論理には、強引さがあることも事実である。上野千鶴子は『成熟と喪失』の文庫版・解説のなかで、ここに転倒ないし、巧妙な回避があると指摘する(上野千鶴子「解説」、前掲『成熟と喪失』所収)。

(46) 斎藤環「他者としての「妻」」、「特集 小島信夫を再読する」「水声通信」二〇〇五年十二月号、水声社

(47) 前掲『抱擁家族』八九―九三ページ

(48) 内部に招き入れる「敵」については、芳川泰久「巣穴と接続詞――カフカから書く作家K」(前掲「水声通信」二〇〇五年十二月号)。

(49) 前掲『空中庭園』九四ページ

(50) 前掲『都市の政治学』三〇―三四ページ

終章　新型コロナ禍と「ホーム」という場所

——カフカ「巣穴」を読む

はじめに

新型コロナウイルスのパンデミックとエピデミックのなかでいわれている「新しい生活様式」や「ステイホーム」は奇妙な言説である。これらは、人々の日常的実践を細かく規定して行動変容を促す公共的な言説として登場した。感染すること、感染させないこと、社会的な感染を抑制することが目的のこうした言説は、私たちの行為や身体をターゲットにし、自らが自らを規律化することを促すある種の命令的な性格を帯びている。中国・武漢での新型コロナウイルスの感染状況を私たちが報道を通して目にして以来、この言説は一貫して強調されている。人々の行動変容を自主的に促すように語られる場合もあれば、人々に対して外形的に行動を規定・禁止するロックダウンや緊急事態宣言として語られる場合もある。

ここで考えたいのは、「新しい生活様式」や「ステイホーム」をめぐる言説に抱くある種の違和感である。もちろん、それは言説の科学的根拠や医療的な有効性を問い直すことではない。違和感とは、言説の政策的な次元と私たちの日常的実践の次元との落差、つまり命令的言説が日常生活にもたらしたとまどいだといっていい。あるいは、普段は無自覚におこなっている習慣やハビトゥスの次元と関係する日常的実践に対して、対自的かつ再帰的に振る舞うことが公共的な言説としてもたらされることに抱く違和感ともいえる。とりわけ、ステイホームといわれて、私たちは縛られるような感覚に陥りながらも、「ホーム」の意味内容の曖昧さに当惑するのではないか。ホームは、字義的には家や住居、故郷といった訳語を与えることができるように、物理的な建築空間のイメージに加えて、情緒的な感情や情動的・身体的な感覚が重なっている多義的な言葉である。「ステイ」という言葉が付与されることで、意味のレンジが広い曖昧な「ホーム」が私たちに対して、自らを隔離することを強いる力として作用する。ホームを通して私たちの日常的実践の経験の次元に入り込んでくるのである。

このような言説とともに作用する権力に対して、考えたいのはシンプルな問いである。ステイホームという隔離の方法は、私たちを守り、安全や安息をもたらすのだろうかという問題である。別の言い方をすれば、そもそもホームは安全な場所なのだろうか。そこで、以下ではまず言説を通して作用する権力の問題について、ミシェル・フーコーの権力論を手掛かりにして検討する。そして、後半ではこの問題と接続させて、フランツ・カフカの短篇小説「巣穴」[1]を取り上げる。この小説は、現在の新型コロナ禍の状況と直接に文脈を共有するものではない。しかしながら、新型コロナウイルスと向かい合う生活環境下で、カフカが描く独特な物語を現在の文脈に重ね合わせて読むことで、私たちが住むことの経験の存立を検討することができると思われるのである。

1　コロナ禍と権力の問題

「ソーシャル・ディスタンス」という言葉の誤用

フィジカル・ディスタンスや三つの密（密集、密接、密閉）の回避をはじめとした新しい生活様式を厚生労働省のウェブサイトが掲載しているが、それらをすべて実行することなど面倒でできないと思うくらい事細かに提示されている。(2) 人との間隔は二メートル（最低一メートル）、会話するときは真正面を避ける、人混みに出掛けたときは帰宅後すぐに着替えてシャワーを浴びる、誰と会ったかメモを取っておく、接触確認アプリを用いる、といった具合に四十項目にわたっている。

公共的に提唱される行動変容の具体的な取り組みは、私たちに生真面目さを要求し、自分自身の身体へのこれまでにない感覚と、他者との関係の距離感を考量することをもたらしている。こうした作法は先にも述べたように、感染を予防し、相手に対して感染させないためのものであり、同時に感染の社会的広がりを抑制する規範的な特徴をもっている。しかも、社会にコミットしていくというポジティブな側面を有しているために、命令的言説には何らかのサンクションが伴う。このサンクションは法的な処罰や罰則の水準というよりは、一方で倫理的に作用し、他方でＩＣＴやネットワークのテクノロジーと密接に結び付いて作用する。

ところで、新型コロナウイルスの感染が広がるなかで、「フィジカル・ディスタンス」という言葉を使うべきところを「ソーシャル・ディスタンス」の言葉が用いられている。この誤用については、すでにさまざまなところで指摘されているように、「ソーシャル・ディスタンス」は人と人との関係性や親密性を考えるときに用いる社会学的概念である。だが、新しい生活様式やステイホームによってもたらされる規律化は、むしろソーシャル・ディスタンスの次元で作用しているといえるだろう。つまり、結果的には誤用のほうに権力の作用が浮き彫りになってくるのである。

例えば、感染予防効果が医学的にも実証されたマスクは、新しい生活様式の象徴的なアイコンになり、外出したり人と会ったりする際の一種の手形のようなものになっている。座席を仕切るアクリルボードは、人と人との関係の距離を物理的な距離へと還元する。電車の吊り革をアルコールティッシュで消毒する様子は、他者の痕跡を消し去ろうという過敏反応の姿そのものである。スーパーなどの店舗、図書館や学校、劇場などの公共施設のいたるところに設置されている消毒液、非接触型体温計やサーモグラフィー型体温計などはいわばテクノロジーが作っている関所であり、私たちは日々こうして張り巡らされた境界線をまたぐという行為をしている。私たち自身の意思に関係なく、これらのテクノロジーは境界をまたぐ私たちの身体に、感染していない（かもしれない）、感染させていない（かもしれない）というしるしを刻印しているのである。

そして、他者との距離は、さまざまなＩＣＴによって作法化されてもいる。スマートフォンやそれが搭載するアプリ、SNS（会員制交流サイト）や「Zoom」「Skype」、クラウド上に構築されたシステムなどは、ソーシャル・ディスタンスを操作・適用するための新しい生活様式のテクノロジーそのものになった。人と人との物理的な距離を横断するコミュニケーションのテクノロジーが、人と人との物理的な距離を再構築するテクノロジーとして機能性を発揮するのである。[3]

ステイホームという言説も同様である。直接的には、自宅にいること、「不要不急」の外出をしないこと、移動をしないことで感染するリスクを低減させることを意味しているが、それは自宅に自らを隔離し、他者との直接的な関わりを物理的に遮断することを指示している。ステイホームとあわせて推奨されるテレワークやオンライン授業は、前述したテクノロジーと同じように、ホームとその外部との物理的な壁を再構築するICTとそのシステムである。ステイホームとICTとの接続関係が、人を移動させないための、つまり予防と結び付いた規律化のシステムになる。[4]

斎藤環は、倫理的に内面化される新しい生活様式について、感染回避を「予防」を超えた「正義」と錯覚された「コロナ・ピューリタリズム」[5]と指摘した。このピューリタニズムは、表裏一体となった二つの側面を有している。自らが感染することへの罪悪感をもたらすだけでなく、感染者や医療感染者への暴力的な差別へと発展していく。この暴力性は、SNSのコミュニケーションの次元にとどまらない。感染者が出た家族への投石や落書き、いじめに耐えきれずにその地域から引っ越す例はいたるところで生じている。

新しい生活様式は、端的にいって人と直接関わることの回避を意味しているが、反対に親密性が私たちを守るための過剰な共同性へと転化する。つまり、一方で人を孤立や自閉のほうへと牽引し、他方で他者を排斥する関係へと転換していくコミュニケーションの暴力として作用するといえるだろう。さらに、ワクチン接種でも同様のことが生じている。接種しない者に対する差別や同調圧力は、他者への想像力を欠いた不寛容さが暴力的に現れている状況と言わざるをえない。重要なのは、このようなコミュニケーション暴力が、「新しい生活様式」やステイホーム、ワクチンという人々の行動と身体に対する権力とともに発現していることである。

フーコーの権力論と感染症

フーコーは、癩病（ハンセン病）とペスト、天然痘という三つの感染症を比較して権力作用を歴史的な軸から議論している。中世には、癩病は患者を排除する権力として、中世末期から十六世紀にかけてのペストでは、人々の身体を馴致して隔離する規律型の権力として、そして十八世紀以降の天然痘種（ワクチン）が発見され、予防法が普及した天然痘の場合は、統計的に人口を把握、調整、統治する生権力として作用する。[6]

とりわけ、規律型と生権力の違いについて次のように指摘している。少し長いが引用しよう。

疾病の統制において適用される規律システム、癩病のような風土病の統制において適用される規律システムは何を目指しているのか？　第一に目指されるのはもちろん、疾病を病人において（それが治癒であるかぎりは）取り扱うということです。第二は、疾病に罹っていない人を隔離することで感染をなくすということです。天然痘接種・牛痘接種とともに出現する装置はどのようなものか？　そこでは、疾病に罹っている者と罹っていない者はまったく分割されません。この装置は、疾病に罹っている者と罹っていない者の両方を含む全体（要するに人口）を不連続性や断絶なしに考慮するというものです。この人口における蓋然的な罹患率・死亡率はどの程度か（略）を見るということです。(7)（傍点は引用者）

規律型権力は、人々の行為と身体に対して詳細に作用する。例えば、「ペストが発生している地域や都市を文字どおり基盤割りにし」、人々に対して統制を課す。「どのような食物を摂らなければならないかが指示され、これこれのタイプの接触が禁止され、視察官の前に姿を見せ、自宅を視察官に見せることが強制される(8)」。それに対して十八世紀以降の天然痘とワクチン接種の場合は、罹患者や死亡者を、年齢や性別、居住地域、階層などのパラメーターとともに人口として統計的に、つまりそこにある規則性や傾向を把握し、この人口の規則性を統治の対象としていく。

しかしながら、規律型権力と生権力との間には根本的な違いがある。規律型権力が、結果として罹患した者や罹患した社会を対象にした隔離や監視であるのに対して、生権力の場合は、天然痘のワクチンがすでに社会的に登場し、「予防」という医学的なキャンペーンという形態をとっていることである。社会的な予防を可能にするワクチンは、「ヒトという種の生物学的上の運命に何がしかの変更を加えるという機能をもつメカニズム」の内部で登場する「安全テクノロジー」である。

ここで重要なのは、ヒトという生物学的な種の次元で、何らかの変更が企てられるという点である。つまり、疾病の原因である細菌やウイルスを、人為的に身体に注入し、社会的に内部化することで、疫病が人間にもたらす「運命」を数量可能な蓋然性の範疇へと転換させていく。ワクチンは人為的に社会の集団免疫を作り出すことだが、その集団性のために罹患者とそうでない者との違いは、人口というまとまりのなかでは問題にならない。生権力は、人を「生かし、死ぬにまかせる権力」[9]だとフーコーは定義するが、感染症の文脈でいうならば人々を生かそうとする生権力は、人口的な「予防」と予防がどの程度達成されるのか、達成されていないのかという統治の政治的操作性として作用することになる。

ただし、フーコーも指摘しているように、天然痘とワクチン接種の時代以降も規律型権力が消滅したわけではない。美馬達哉もフーコーの議論をたどりながら、現在の新型コロナウイルスのエピデミックとパンデミックの状況について次のように指摘している。

> 個人に対する規律訓練の権力と一体化した生政治を形作っている。いいかえれば、ペストに襲われた都市という例外状態からパノプティコンが十九世紀に拡散する事態と、予防を目的とする公衆衛生（人口の生政治）が病者から健康な人びとを含めた人口全体へと介入を拡大していく事態とは並行関係にある。[10]

現在の新型コロナウイルスの感染状況に即するならば、これまでみてきたような人々の行為や身体に介入し、空間的隔離を促す規律型の権力に加えて、ワクチン接種によって人々の生物学的な種の次元に介入し、人口的なコントロールをする生権力がともに統治の政策としておこなわれている。

そこでワクチン接種について、もう少し検討しよう。

リスクに賭ける社会

生物なのか非生物なのか、その分類が難しい病原体であるウイルスは、自己増殖／自己再生産するのではなく、ほかの生物に入り込んでコピーを作ることで増殖する。つまり、より一層変異を起こしやすいタイプの病原体だといえる。人間にとっては脅威かもしれないが、新型コロナウイルスにとって宿主である人間は敵でもなんでもなく、友達だといえるかもしれない。人間にとって、このウイルスの変異をコントロールすることなどできない。ウイルスのコピーによる増殖や変異に対して、人間と社会をコントロールするしかない。人間は、新たに登場するウイルスに対して、そのつど莫大な医療・科学技術と人々のエネルギーを費やして対処し、なんとか乗り切ることしかできない。

ウイルスや細菌に対する技術的な対処は社会的な場面でおこなわれるだけでなく、実は、私たち自身がすでに感染症の歴史をワクチンとして身体化している。日本で実際に子どものころから接種している定期接種ワクチンを列挙してみよう（このほかに任意接種ワクチンもある）。BCG（結核）、MR（麻疹・風疹混合）、麻疹（はしか）ワクチン、風疹ワクチン、水痘ワクチン、DPT―IPV（百日咳・ジフテリア・破傷風・不活化ポリオ混合）、DPT（百日咳・ジフテリア・破傷風混合）、IPV（ポリオ）、日本脳炎ワクチン、13価結合型ワクチン（肺炎球菌）、23価莢膜ポリサッカライド（肺炎球菌）……。

ウイルスあるいは細菌との共生だろうが感染症の制圧だろうが、私たちの生活からすれば、どちらにせよ多様なワクチンを体内に接種してきているのであって、そのことが私たちの身体と経験そのものなのである。つまり、私たちは幼少時から、こうした感染症にかかるかもしれないという蓋然性の社会的身体を生きていることになる。これらのワクチンは感染症の歴史そのものであり、世代が進めば進むほど、接種するワクチンが増えることは容易に予想できる。

二〇二一年一月の時点で、これまでのワクチンとは異なり、生命テクノロジーによってウイルスベクター、mRNA型、DNA型のワクチンが開発された。接種はイギリスやアメリカなどで始まり、日本でも三月以降ワクチン接種が段階的に開始された。最初は、六十五歳以上の高齢者や医療関係者、次いで基礎疾患をもつ者、六十五歳未満の者の順で接種の対象になった。地方自治体での接種と並行して都市部での大規模接種や職域での接種も進められてきている。開発から人への接種まで非常に短い期間しかかけられなかったのは、生命テクノロジーが高度化しているとはいえ、すでに感染拡大を防止できなくなっていたからだ。いずれの国でも、新型コロナウイルスの感染に対しては、国内の感染拡大を防止すること、特にオーバーシュートと呼ばれる爆発的拡大を防止することを基本方針にしながらも、現状ではロックダウンや緊急事態宣言などの規律型の政策が実効性をもたない次元まできているといっていい。副反応については時間をかけた検証とリスクを十分に明らかにしたとは言えないが、それほどまでに拡大する感染に対する人為的な集団免疫を目指すことが優先されたのである。

ワクチン開発から接種まであまりにも短期だったため戸惑いを覚えるのは、私たちはワクチンの効果についても、副反応や長期的な副作用のリスクについても現時点では未知のことが多いからである。確かに、新型コロナウイルスに対する一部のワクチンの臨床試験で好ましい結果が出ているとしても、リスクの蓋然性が不明瞭のなかで新しいワクチン接種をすることには、不安が伴う。むしろ、日本をはじめ多くの国で、パンデミックの抑制がワクチン頼みに傾斜していることを考えると、リスクという考え方と社会との関係を問わざるをえない。

リスクは、確率として数量化されるがゆえに、選択の合理性を前提にしている。むしろ、それはリスクを勘案して、どちらかに賭けるか否かということを選択する合理性のシステムであるといったほうがいい。数少ないデータに基づいた実験室の結果を社会で実用しながら検証することは、選択の賭博性の度合いが高くなることを意味している。実際に、感染力を増しながら変異するウイルスに対して、ワクチンの効果を検証しつづけなければならないし、ワクチン接種後のブレイクスルー感染も生じている。林真理は不十分な検証のまま実用化される社会を「実験室社会」と呼び、新しいワクチンへのヒューマン・チャレンジの正当化が常態化することを問題化している。[11] 林は、この実験室社会は社会全体を包摂していく力が作用していることを指摘しているが、その指摘が示唆するのは、人々の生命そのものを握って統治のために手段化してしまうアポリアに社会が陥らざるをえないということである。現時点では、新型コロナウイルスのワクチンは任意接種だとしても、この任意性があるからこそ、「自己責任で自らの身体を予防すること」に対して統治するという、いわば自己統治する行為に対して社会的に統治するという形式で人口のコントロールが作用しているといえるだろう。

もしかしたら数年後には、新型コロナウイルスの感染の広がり方は、安定的に定常化するかもしれない。しかし、もしかしたらという希望的観測の範囲を出るものではない。また、定常化した状態がどのような社会の姿なのかについても定かではない。したがって、ワクチンの実用化と検証が限りなく接近したなかでコントロールがおこなわれている現在の社会は、リスクをふまえて賭けるのではなく、リスクそのものに賭ける社会なのである。

「ホーム」は守ることができる場所なのか

ステイホームは、予防のための命令的言説である。しかし、すでにこの言説も効力をもっていない。そのことは、第一に、新型コロナ禍のなかで、当初の予防の言説を裏切って、家庭内感染の割合が一定程度高くなっていることが端的に表している。ウイルスは、自宅に同居する家族などの誰かがいつの間にか外から持ち込む。同居する者同士という親密性が、濃厚接触の関係に転化しているのである。

第二に、自宅はすでに罹患者が療養するか待機する場所になっている。罹患者は、その症状の度合いによって、重症、中等症、軽症に応じて病床が配分されている。さらに、病院ではカバーできない軽症や無症状の場合は、ホテルが宿泊療養施設として用意された。しかし、罹患者数の増加は、公的に用意した病床や療養施設では対応しきれなくなっていて、自宅療養や入院または療養の自宅待機者が、とりわけ都市部で増加している。

すでにこの時点で予防のためのステイホーム＝「隔離」という方法が破綻していることを物語っ

ているが、この方法を裏付けていたことの一つが、日本の場合、保健所による濃厚接触者の追跡、つまりクラスターの連鎖を追うという作業だった。ＰＣＲ検査などの検査を大規模におこなうこと、つまり予防型の人口的コントロールについても議論していたり、この方法を導入している国もあるが、現在の日本では、基本的には検査は有症者を対象にしている。つまり、罹患者を確定し、医療的な空間に収容することで罹患していない人々を罹患者から隔離しようという規律型の方法として用いられている。クラスター追跡は、感染者数が少なく人口のスケールが小さい社会であれば現在でも可能だろう。しかし、いわゆる市中感染状況が一般化して感染経路が不明な割合が増えれば、クラスターを追跡すること自体も破綻する。

しかも、「無症状病原体保有者」といわれる罹患者の割合が一定程度多いと推定されている状況では、誰が罹患しているのかを特定することはそもそも困難である。無症状病原体保有者は、症状が出た罹患者の濃厚接触者として検査されて判明するケースが多く、統計的には把握できない。こうした無症状病原体保有者や軽症で普通の風邪と見分けがつかないような罹患者を把握するためには、検査の数を多くする必要があるが、すでに保健所は業務がパンクしている状態であり、有症者への対応に追われているのが現実である。

病床の数や保健所の問題についてはいろいろと議論されてきているが、ここで一点指摘しておきたいのは、一九九〇年代以降の新自由主義的な医療政策や公衆衛生政策にあって、社会全体の医療施設、とりわけ公立病院や病床数、そして保健所の数も減らしてきたという経緯である。二〇〇〇年代に入り、「全国で、十万単位でベッドを減らす計画を立てて減少させて」きた。病院は採算の重視から、長期入院させずベッドの回転数を上げること、医師や看護師の人員管理を厳しくすることが求められ、「この傾向は、二年ごとの診療報酬改定を経るたびに強化されて[12]」きた。保健所についても同様で、一九九四年に保健所法から地域保健法になって、保健所の再編がおこなわれた。このため、九四年に全国で八百四十七カ所あった保健所が、二〇一七年には四百八十一カ所、およそ四〇パーセント減少してきている[13]。保健所に勤める保健師や公衆衛生の専門医も減少し、公衆衛生の公費も削減され続けてきた[14]。

このように、感染症に対応するための医療や公衆衛生の社会環境は悪化してきた。それは、私たちが新型コロナウイルスに罹患した場合にどのような医療手段を用いればいいのかという選択が、そもそも削減されていたことを意味している。二〇二〇年の第一波で問題になった、例えばイタリアなどの医療崩壊と同じような新自由主義的な政策を推進してきたなかで生じた諸問題が、日本でも起こっているのである。私たち自身は日々の生活のなかで、自分や他者を守るために感染予防をおこなっている。いうまでもなく、自己を犠牲にして人口的な政策のために予防をしているわけではない。しかし、医療資源の社会環境が悪化してきたという経緯を考えたとき、予防は私たち自身が罹患しないためであると同時に、限られた医療資源から疎外されて医療を受けられないことに対する予防という性質を帯びることになる。実際に、感染者が増加し、必要な者が入院できなかったり、自宅療養が増えた。「ステイホーム」は、当初は罹患していない者を隔離することを意図していた。しかし罹患した者を隔離することが現実になったとき、ホームはもはや私たちを守る場所ではない。このように、自宅が医療施設を外部化した場所にされてしまったことを考えると、過酷な医療現場と、予防と隔離の二重性とは、一対になった関係で構成されているといえるのである。[15]

2 カフカ「巣穴」とホーム

私たちの行為と身体や他者関係を規律化し、同時に自己責任や自己選択という手法を通して人口的な統治をする生権力下にあっては、私たち自身が新型コロナウイルスから逃れられるのだろうか。規律型も人口的なコントロールも機能不全に陥っている現状のなかで、あえてこの問いを立ててみたい。逆説的な言い方だが、徹底的にステイホームし、あらゆるものから逃れ続けるしか方途はないように思われる。もし、そのようなことを仮定した場合、そこから浮かび上がるホームや私たちの住む経験とはどのようなものなのだろうか。

そもそも、ホームはどのような場所なのだろうか。住む経験とホームとはどのように結び付いているのだろうか。こうした経験の存立を考えるために、カフカの小説「巣穴」を通して考えてみようと思う。日本で一回目の緊急事態宣言が出され、「新しい生活様式」やステイホームが盛んに言われ始めたころ、私自身が想起した小説の一つが「巣穴」だった。

「巣穴」は、カフカが没する一年前の一九二三年に書かれた最晩年の作品である。地上でも地中でも生活することができる獣の「私」が語る一人称形式の動物譚である。[16] モグラかアナグマをイメージするが、どのような動物なのか定かではない。また、原題の *Der Bau* は、表題のほかに建築、建設、普請、家、軍隊の営巣、監獄など、多義的な意味内容を内包している。つまり、家庭的なイメージから軍事的なイメージや監獄に至るまで意味の振れ幅が広い。それは、多義性に基づく読み手の解釈の多様性というだけでなく、巣穴が、すみかでもあり要塞でもあり監獄でもありうるという多面性を有しているのである。実際に、この小説は、見えない外敵に対して、巣穴を作り続け、完成することがない巣穴に住み続ける動物の物語である。

「巣穴をつくりあげた。どうやらうまくいった[17]」という言葉から小説が始まるが、巣穴の完成からすべての「私」の迷走が始まる。「私」は、常に外敵を恐れている。外敵に侵入されないための巣穴を建設し、完璧な巣穴を夢想する。しかし、外敵が存在することの不安から逃れることができない。

カフカは、『城』や『万里の長城』『審判』『掟の門』などでも、建築的な空間の構造を小説の構造として活用する。ジル・ドゥルーズとフェリックス・ガタリが『カフカ』でも指摘しているように、建築的不連続性や断片の連続性、離れていながら隣接している出入り口といった建築的仕掛けは、「内面的でも主体的でもなく、何よりも空間的であることをやめた地図作製法[18]」である。この方法がカフカと小説を取り巻くさまざまな掟や規範を脱領域化する「逃走」の一つである。あらかじめ小説のなかで構造化された空間が消滅していく形式は、「巣穴」も同様である[19]。

入念に考えられた巣穴の建築的構造は次のようなものだ。およそ百メートルごとに通路を広げて作られた小さな円形広場が五十ほどある。これらの広場は身体を温め、休めるところであり、安らぎと眠りを与えてくれる。そのなかほどに中央広場がある。この中央広場は巣穴全体の砦の役割を果たし、食糧が備蓄されている。

だが、完成した巣穴の空間的構造が「私」を不安にし、追い立てることになる。中央広場の砦に食糧を集積することはむしろ危険で、複数の円形広場に分散すべきではないかと右往左往する。巣穴には必ず出口が必要である。入念に苔で蓋がされ、出口に至る通路は敵の侵入に備えて迷路の形状になっている。しかし、敵が本気で侵入したならば、かえってひとたまりもないかもしれない。迷路構造を作ってしまったのは自分のミスかもしれない。そう思いながら、地中という自然構造上どうにもならないと納得してみたりする。しかし不安が静まらない。

何も起こらない物語

一人称の語りは、このように巣穴と不安とを行きつ戻りつ、延々と小説の最後まで続くのだが、同時に読み進める私たちもまた、巣穴の具象的な表象についても最後まで確認することができない。それは端的にいって、動物である「私」が、巣穴を地中に作っているからである。[20] 建築はそもそも地上に新しい空間の構造を作り上げることである。構造を軀体として立ち上げ、空間を分節化する。そして建築は、立っている周囲の地理的な空間との間にも分節的な関係を作り出す。つまり、建築する行為は、平滑な地面に構造とテクノロジーによって空間を人為的に分節化するがゆえに、視覚的な表象性を獲得することができる。しかし、地中の巣穴は、構造にあたるものは土を借りているにすぎない。掘ることによって空間を作り出すといっても、設計図として空間の表象があらかじめ用意されているのではなく、掘ることを継ぎ足しつづける連続性として、いわば断片の連鎖によって作り出されるものである。

ただし、「私」が巣穴に対して視覚的に語られる物語の場面がある。[21] 小説の前半部分、「私」が巣穴の外に出たときである。外に出ることは危険への賭けだが、外の生活は広々とした森を走り回ることができ、全身に新しい力を感じることができる。しかし、しばらくするとまたしても気が安らぎ、のびのびすることができなくなってしまう。巣穴を気にすることから逃れられない。「私」は巣穴の近くに隠れて、外敵から巣穴が安全かどうかを見張り始める。ここでも不安は堂々巡りを始める。巣穴のなかの危険を地上の体験で判定してもいいのか、監視をしながら身をさらすことさえ危険だと疑問を持ち始めるが、巣穴を監視することをやめられない。もし、巣穴に危険が及んでいたら手遅れだとも考え始める。あげくには、もう一つの穴を掘って、そこに身をひそめることになる。誰かに入り口の監視を頼むことも思いつくが、赤の他人に巣穴のことを教え、信頼を寄せることなど到底できない。結局信頼できるのは自分と巣穴だけなのだと思い至ることになる。「私」はついに次のように考え始める。

巣穴は単なるお助け穴ではないのである。砦の広場に立つとよくわかる。まわりには肉の備蓄が山をなしている。広場を基点にして十の通路が走っている。すべてが全体図に整然と従い、あるいは下り、あるいは上り、直線をなすもの、半円を描くもの、順次広がるものもあれば細まっていくものもあり、いずれも同じように静かで、ひとけなく、じっと待っているといったぐあいだ。おのおのが様式をもち、それぞれの仕方で次なる小広場へと導いていく。このひとけなく静まり返った巣穴を目の下にながめていると、安全といった効用はいささかも思わない。[22]

このように「私」は、自分が作った巣穴の正体を自ら暴き立ててしまう。それをもたらしたのは「入り口＝出口」である。この出入り口は、地中と地上とをつなぐ単なる通路ではない。この点について小林康夫は、カフカに特徴的な境界的な場所が、開始であると同時に終わりでもある物語のトポスだと述べる。カフカの初期の作品『田舎の婚礼準備』に登場する「門」と「玄関」を取り上げて次のように指摘している。

主人公は、そして同時に物語は、出発した途端に停止する。停止しつつ出発し、出発しつつ停止する。（略）〈玄関〉と〈門〉――この二重の閾のトポロジーは、すでにそこに物語の時間を宙吊りにし、物語を絶えざる遅延の物語として予告している。[23]

入り口と出口が物語のトポスであるとは、「巣穴」ではどういうことだろうか。実は、「巣穴」の冒頭部分にカフカは物語を仕掛けている。「巣穴をつくりあげた。どうやらうまくいった。外から見ると、大きな穴が口をあけている。しかし、この穴はどこにも通じていない。数歩すすんだところの大きな石でいきどまり」という文章のすぐあとで、「ほんとうの入口はこの穴から千歩もはなれたところにあって、上げ下げ自由な苔をかさねて蓋をした[24]」と続く。つまり、大きな行き止まりの穴は、本当の入り口の巣穴の閉塞と相同的関係にある。物語の最初に、巣穴そのものの、そして物語そのものの行き止まりが示されているのである。この小説を最後まで読んだあとにあらためて冒頭に戻ったとき、物語の入り口と出口は同じだったということに、私たちは愕然とするのである。

巣穴の出入り口の前では、出来事は何も起こっていなかった。何事も起こらない物語は、カフカのほかの小説、例えば『掟の門』でも同様である。この短篇は、「掟の門前に門番が立っていた。そこへ田舎から一人の男がやって来て、入れてくれ、と言った。今はだめだ、と門番は言った」という場面から始まる。男は、門の脇で入れてくれるのを待ち続ける。何度も門のなかに入ることを頼んでもかなわない。それでも男は何年も待ち続ける。次第に身体が衰弱し、死を迎えるに至ってしまう。「誰もが掟を求めているというのに――」「この永い年月のあいだ、どうして私以外の誰ひとり、中に入れてくれといって来なかったのです?」と男はたずねる。死ぬ間際に門番は男に向かって言う。「ほかの誰ひとり、ここには入れない。この門は、おまえひとりのためのものだった。さあ、もうおれは行く。ここを閉めるぞ」[25]

掟の門の前で、入ることも立ち去ることもせずにただ待ち続けるだけの男は、巣穴の出入り口の脇で穴に隠れてただ見張りしつづける「私」と同じである。何事も起こらないが、「私」は消耗し、疲れ果てていく。何がそんなにも「私」を衰弱させるのだろうか。それはもはや実在する外敵ではない。巣穴は外敵から「私」の身を守ることができるのだろうか、外敵は巣穴に気づかないでいるだろうか、巣穴そのものが外敵に対して安全なのだろうか……。外敵―巣穴―安全の間の因果律はもはや錯綜し、「私」―巣穴―不安の螺旋だけが想像として、妄想として立ち上がってくる。

危険な場所としてのホーム

結局、「私」は外の世界で監視し、巣穴について考えることに疲れ果て、地下の巣穴のなかに戻っていく。巣穴を監視することによって、どこまでいっても安全を手中にすることができず、不安が次々と「私」を追い立てる泥沼にはまってしまうのである。[26]巣穴に戻り点検しはじめるが、疲れと眠気が襲い、長い眠りにつく。巣穴に取り憑かれて巣穴のほうから強迫される前半の物語は、眠りによって一つの終わりを迎える。

「私」は、かすかな音を耳にして眠りから覚める。ここから後半の物語が始まるのだが、後半は巣穴を内側から壊していく物語である。シューシュー、ピーピーと聞こえてくる音の正体を探ろうとして、壁を試し掘りしてみるが突き止めることができない。しかし、試し掘りをやめることもできない。中央広場の砦の四方に空洞の壁を作って外敵かもしれない音の正体に備えようと夢想するが、音は広場の壁や地面など四方八方から満遍なく聞こえてくる。絶え間なく聞こえる音の正体は、これまで出合ったことがない未知の獣なのではないか。一つの群れをなした小さな獣の集団なのではないか。巣穴の壁を手当たり次第掘っているうちに、あちこちに山ができ、見通しがきかなくなり、道を遮り、もとの整然とした巣穴の姿はもうそこにはない。

巣穴の平安のために闘っている本人が、巣穴を傷つけている。そのことに気づいた「私」は、今度は補修をしはじめるがその作業もままならない。音が少しずつ大きくなってきたような気がしてくる。「このような敵に遭遇するとは夢にも思わなかった」という「私」は、「無数のちいさな危険にかまけて、大きな一つを忘れていた。巣穴をもっているからには、どんなものがやってきてもこちらが有利だと思いこんでいたのか。この大きな傷つきやすい巣穴の持主として、強大な敵に対して明らかに無防備だった[27]」ということに気づくことになる。

もはやこうなると、巣穴は「私」を守ってくれる安全や安息をもたらすすみかでもホームでもない。それは、巣穴が住居やホームという側面を喪失したことを意味しているのでもない。巣穴が安全でないことが判明し、巣穴そのものが「私」に不安をもたらすものへと反転してしまう。ここまで読み進めて、私たちは、新型コロナウイルス感染拡大の状況下の「ホーム」がもたらす不安と同型であることに決定的に気づかされる。前述したように、家庭内感染が拡大する状況にあっては、ホームはすでに安全な場所ではない。しかし、それだけでなく、ホームにステイすることが、どれほどのホームのなかにストレスを発生させ、ドメスティックバイオレンス、あるいはそれに近い暴力を発生させてきたのか。ジェンダーポリティクスが暴力に転化することを誘発するのも、ホームという場所なのである。

そもそも私たちの生活で、ホームは多元的で多様である。例えば学校や職場、老人ホーム、コミュニティ・スペース、公園、保育所や幼稚園、学童クラブ、塾、病院などの一連の関係がホームを構成している。そのことが、親密性の度合いにかかわらず、ジェンダーポリティクスや親子関係などのパターナリスティックな力関係がもたらす摩擦や面倒くささ、独り暮らしの孤独や不安に対して、なんとかやりくりする仕組みになってきたのである。ホーム自体が、こうした力関係と無関係でないために、社会との回路を作ることでホームの多様性やある種の逃げ場を確保してきた。しかし、ホームが自宅に一元化されることによって、今度はホームがそこに住む者たちに対して、圧力を加える力そのものになる。親密な関係が暴力的な関係にたやすく転化できるということの原因は、ホームそのものにあるのだと「巣穴」という物語は暴いてしまっているのである。親密性―ホームの関係世界は危険に満ちた恣意的な関係なのだ。

正体が見えない敵＝音

実際に、安全で安息のすみかは、結局「私」が夢想したものでしかない。さらに厄介なのは、この夢想が巣穴を通して抱く表象だということである。だが、だからこそ確認すべきなのは、「私」は巣穴を、すみかを必要としているということである。別の言い方をするならば、巣穴を必要とすることから逃れられないことが、不安をもたらすのである。もはや巣穴を作ることと壊すことは同義であることが明らかになってくる。それは、前述したように、地中に巣穴を掘っているからである。外敵から逃れるためには、掘り続けるしかない。何らかの完成形に向かって掘り続けるのではない。掘ること＝巣穴を作ることだけが反復される。

この物語の最後もまたエンドレスである。「私」はシューシュー、ピーピーという音を聞きながら、若いころの幻想に浸る。未知の獣の正体を想像する。あるいは、相手は移動中なのか、巣穴を掘っているのかとも推理してみる。遭遇したとき、話し合ったり、共存することなどまっぴらごめんだとも考える。考えれば考えるほど、相手がこちらの音を聞きつけたとは思えなくもないと考える。私は静かに掘る主義だったが、相手にこちらの音を聞きつけられたかもしれない。「作業中に私は何度も手をやすめ、耳を澄ませたが、しかし何も変わらなかったし、それに……」[28]。こうして、「巣穴」の物語は終わることなく終わる。

地中に巣穴を掘り続けること＝壊し続けることは、先にもドゥルーズとガタリの『カフカ』の指摘を引用したように、「空間であることをやめる」ことに帰結する。しかし、まだこの小説を読んでも了解できていない点がある。シューシュー、ピーピーと聞こえる「音」とは一体何かという問題である。この音にはいろんな解釈をすることができるだろう。結核を患ったカフカ自身の肺から漏れる音ではないか、その音とともに看取する外敵とはカフカに迫ってくる「死」そのものではないか、といったものである。しかし、この小説の言表に対して、言表に沿って読んでいくならば、「音」は音そのものだと考えたほうが妥当ではないだろうか。音とは、「私」にとって会ったことがない獣の未知性以外ありえないからだ[29]。

この音はもしかしたら幻聴かもしれない。たとえそう解釈したとしても、「私」に音は聞こえているという音の存在。巣穴の地中は視覚的ではない暗闇の世界である。匂いも壁で遮断されている。ならば、私以外の他者は音としてしか感じ取ることができないのではないか。身近にいながらその正体がわからない何者かは、壁の向こう側に存在している。このアレゴリカルな理解のほうが、得体が知れない他者が存在することの恐ろしさそのものということができるだろう。

一度作った巣穴を壊す物語、壊すことと建設することが、地中に掘るという点で同義になる物語であるとしたら、巣穴とは反ホームとしてのホームである。建築的な構築が、壁や塀などによって空間を分節化するとすれば、地中を掘り続けることは、壁や塀を掘り崩すことですみかを作り出す、いわば非空間化の建築である。

別の言い方をすれば、分節化した空間にホームが入れ込まれるのに対して、作ることと壊すことが反復される連続性そのものが、地中のホームだということができる。建築的に作られた空間の形はそのまま維持されるのに対して、作ることと壊すことが同義な、地中のすみかの形は自在性をもっている。建築物が構造や壁で立体化しているのだとしたら、巣穴の外郭になっているのは、見ることもできず形もない音そのものである。つまり、この反復の運動をもたらすのは、ホームそれ自体に潜在している何らかの力＝音なのである。土の向こうから聞こえてくる音という潜在的なものが、巣穴を巣穴たらしめているのである。

おわりに——ホームという場所

新型コロナウイルスのエピデミックとパンデミックが、今後どのように推移していくかは不確定である。ウイルスをコントロールすることはできない。感染の拡大を一定程度抑止できるとしたら、人間のほうのコントロールに何らかの効果が生じたことを意味している。しかし、二〇二一年八月の時点では一向に感染拡大を抑止できていないし、状況はむしろ悪化している。ワクチンや抗ウイルス剤といった統治のための「安全テクノロジー」が、社会のなかでどのように定着するのかについても未知数である。フーコーは別のところで、統治には成功か失敗かの基準しかなく、統治は間違いを犯すと述べている。[30]天然痘型の人口の調整は、ワクチンの存在がその前提だった生権力――生政治の統治が近代の特徴であるとすれば、これまでの感染症の歴史のなかで、感染症が流行した時点で感染の抑制に成功していたとはとうてい思えない。

むしろ、今回のパンデミックで当初は感染拡大抑止に成功したと見なされていた、中国や台湾、韓国の事例を考えるならば、徹底的な規律型権力の行使による、国家による強権的なロックダウンや電子的パノプティコンを構築して対策することが一般化する可能性は高い。あるいは、アメリカやブラジル、そして日本のように新自由主義的な資本の論理を介した統治を目指す傾向が存続するかもしれない。しかし、後者は実は政策的には何もやらないに等しいことは明らかである。統治にとっての関心が人口的なマクロ水準にあるのならば、「個々人には感染してほしくないが、人口的には何割が感染するか否かが関心」の対象なのだから、成功か失敗かの判断は恣意的な問題でしかないのである。

死者たちも統計的な人口へと抽象化され、統計的な死へと回収される恐怖を、生権力はもたらしている。言い換えれば、固有な生存の問題は、「擬制された生」と「擬制された死」へと還元される。その具体的な形象は、基礎疾患や年齢による差異、経済的条件の不平等、あるいはワクチンの国際的に不平等な配分といった要因と、重症化率や致死率とが統計的に相関するような社会の姿である。スラヴォイ・ジジェクは『パンデミック』のなかで、「あけすけな野蛮よりも私が恐れるのは、人の顔をした野蛮である。無慈悲な生存主義的措置が、後悔と同情すら伴って強行されるが、専門家の意見によってそれが正当化されるのだ[31]」と述べる。このような事態から浮き彫りになるのは、感染症がすでに何らかの権力とともにあり、権力を作動させているということである。つまり、新型コロナウイルス感染症に対する権力のなかに、人々の生と死、健康や疾病もすでに取り込まれている。

そのように考えたとき、巣穴＝ホームはあらゆるものから逃げることを可能にするのか、という問いに戻ることができる。カフカの「巣穴」の壁の向こうから聞こえてくる、シューシュー、ピーピーというこの音について、合田正人は「私が在る場所に誰かが存在すること、現存在の根本情動(stimmung)をめぐる」[32]カフカの戦慄的な描写そのものだという。つまり、「私」を脅かす外敵とは、「私」から生と死をめぐる生存の形式を奪い取ろうとする見えない得体が知れない力動だといえるのではないか。

それは、「巣穴」のなかで何度も描かれる、眠りと安息の問題でもある。「私」を脅かすシューシュー、ピーピーという音から唯一解放される時間が、眠りの時間である。しかし、この眠りも音によって何度も目覚めさせられる。眠り続け、目を覚まさないことが死へといざなうことだとするならば、その死さえも音によって脅かされているのである。侵入してくる音に生も死も取り憑かれるこのパラノイア的状況は、「私」の幻聴とともにあるとしても、巣穴そのものがパラノイア的存在であることへと反転する。つまり、根源的な生存の形式を脅かす外敵を聞き分ける場所が、巣穴なのだ。

だから、覚悟しなければならないのは、カフカの「巣穴」を読むように、私たちが音を聞き続けられるかである。ステイホームと命令される「ホーム」とは、おそらくそのような場所である。

注

(1) フランツ・カフカ「巣穴」『カフカ寓話集』池内紀編訳(岩波文庫)、岩波書店、一九九八年

(2) 厚生労働省「新型コロナウイルスを想定した「新しい生活様式」の実践例を公表しました」(https://www.mhlw.go.jp/stf/seisakunitsuite/bunya/0000121431_newlifestyle.html)[二〇二一年一月四日アクセス]

(3) 対面的なコミュニケーションの重要性は仕事や教育の場面でさまざまにいわれているが、他者とのコミュニケーションがより先鋭化するのは、例えば医療や介護など、他者との身体接触を必須とする場合である。外来やER(救急救命室)を担当している筆者の知己の医師は、感染しているかどうか判別できず、救急を要する場合の処置もまた、コロナ感染病棟と同様に緊張感を要するという。

(4) 感染防止のために会食を控えることを呼びかけたすぐあとで、感染防止をしているから問題ないと会食した政治的トップが滑稽なのは、この規律システムが社会的な感染の広がりの抑止を目的としていることを、施政者本人がまったく理解していないことが露呈したからである。自らが感染するか否かの想像力しかなく、自分は人々を規律する側だと錯覚していたならば事情はより深刻だが、この特権的な意識が可能なのは、ステイホームと同じような環境が政治的トップの周囲には形成されているからだ。つまり、常にステイホームの状況のまま移動することが可能であることが、あまりにも素朴に露出してしまったのである。

(5) 斎藤環「コロナ・ピューリタニズムの懸念」、筑摩書房編集部編『コロナ後の世界――いま、この地点から考える』所収、筑摩書房、二〇二〇年

(6) 前掲『安全・領土・人口』一三―一四ページ

(7) 同書七六—七七ページ
(8) 同書一三ページ
(9) 前掲『性の歴史Ⅰ 知への意志』一七五ページ
(10) 美馬達哉『感染症社会——アフターコロナの生政治』人文書院、二〇二〇年、一七一ページ
(11) 林真理「実験室社会をどう生きるか——リスク社会におけるワクチン」、「特集 ワクチンを考える」「現代思想」二〇二〇年十一月号、青土社
(12) 久保佐世「インタビュー 新型コロナウイルスが明らかにした日本の医療・公衆衛生システムの限界——医療・公衆衛生政策の根本的な転換を」「POSSE」第四十五号、堀之内出版、二〇二〇年
(13) 例えば、「公衆衛生」第八十二巻第三号（医学書院、二〇一八年）の「特集 地域保健法20年」では、保健所の数の減少が報告されている。
(14) 前掲「インタビュー 新型コロナウイルスが明らかにした日本の医療・公衆衛生システムの限界」
(15) 加藤茂孝『人類と感染症の歴史——未知なる恐怖を超えて』（丸善出版、二〇一三年）一四二ページでは、新型インフルエンザについて感染症の専門家の立場から、次のようにいう。「インフルエンザ・パンデミックの発生そのものは避けられないので、発生したパンデミックに対する有効な対策が必要である。その求められる対策の原理は、流行のピークをなだらかにすることである。即ち、患者総数は変えられないが、患者の短期間集中の大量発生を避けて、少数例発生に抑えて、その状態を長期化させる発想である。そうすれば医療機関がパンクすることも、社会的機能が低下することも無くなる。これには三つの対策の柱が考えられる。（1）抗ウイルス剤で症状を軽くする。すなわち、早期発見・早期投与である。（2）ワクチンの短期間での製造と投与。（3）社会的対策—接触の機会を下げる。学校閉鎖など。個人的なものとしては、咳患者がマスクを積極的にする（咳エチケット）」

(16) カフカにはよく知られているように、ほかにも『変身』『歌姫ヨゼフィーネ、あるいは二十日鼠族』『ある犬の研究』『雑種』など動物が登場する小説が数多くある。

(17) 前掲「巣穴」一〇三ページ

(18) ジル・ドゥルーズ／フェリックス・ガタリ『カフカ――マイナー文学のために 新訳』宇野邦一訳（叢書・ウニベルシタス）、法政大学出版局、二〇一七年、一五八ページ

(19) 解釈の仕方によっては、地中に作られた巣穴がリゾーム構造になっていると見なすことができるが、むしろ完成された巣穴は、ある秩序をもった構造を有している。

(20) 地中に作られた空間という特徴は、建築的な表象を了解できるカフカのほかの作品『城』や『万里の長城』と決定的に異なっている。

(21) 尾張充典『否定詩学――カフカの散文における物語創造の意志と原理』（鳥影社、二〇〇八年）では、一人称的語りと三人称的語りの言表行為の違いとして指摘している。

(22) 前掲「巣穴」一二八ページ

(23) 小林康夫『起源と根源――カフカ、ベンヤミン、ハイデガー』（ポイエーシス叢書）、未来社、一九九一年、九ページ

(24) 前掲「巣穴」一〇三ページ

(25) フランツ・カフカ「掟の門」『カフカ短篇集』池内紀編訳（岩波文庫）、岩波書店、一九八七年、九一一二ページ

(26) この安全―不安の構造は、監視社会のモードそのものである。第3章を参照のこと。

(27) 前掲「巣穴」一五二ページ

(28) 前掲「巣穴」一五九ページ

(29) 森本浩一「『巣穴』の解体──カフカ読解に関する一試論」(日本独文学会編「ドイツ文学」第七十三巻、日本独文学会、一九八四年)では、次のように指摘している。「テクストの彼方にではなく、テクストの上に、つまり語りの過程自体に刻み込まれたこうした spiele を、それが遂行されているがままに追跡してゆくという以外に、カフカのテクストを適正に「読む」方途はないように思われる」

(30) ミシェル・フーコー『生政治の誕生──コレージュ・ド・フランス講義1978―1979』慎改康之訳(「ミシェル・フーコー講義集成」第八巻)、筑摩書房、二〇〇八年、二一―二二ページ

(31) スラヴォイ・ジジェク『パンデミック──世界をゆるがした新型コロナウイルス』斎藤幸平監修・解説、中林敦子訳、Pヴァイン、二〇二〇年、七〇ページ

(32) 合田正人「三万人が自殺し続ける社会で」、「総特集 震災以後を生きるための50冊」「現代思想」二〇一一年七月臨時増刊号、青土社

あとがき

大学院に進学し、研究らしきものを始めたのが一九九〇年代に入ったころだった。そのころはまだ、東西冷戦の終結の熱気がどこか社会に漂っていた。そんななかで、日本のバブル経済が崩壊し、社会経済は混乱しはじめ、国内政治は九三年に自民党が選挙で敗北し、戦後の五五年体制が終わったと言われ始めていた。

そして、一九九五年には阪神・淡路大震災が生じた。物質的に都市や街が崩壊した様子を前にしたとき、政治や経済体制という目に見えないシステムや構造とは決定的に異なる、社会が壊れることの底知れぬ怖さがそこにあった。学部に入って間もないころ、「社会学とは、見えない社会の構造を捉えることである。君たちは大学に進学したけれど、学歴システムは差別構造で成り立っている。差別意識があるなしにかかわらず、構造的差別というものがある」と社会学理論の講義でカウンターパンチを食らったときもシステムや構造の末恐ろしさを感じたが、大学院時代の震災はそれとは別種の怖さだった。

システムの変容と物質的な社会の崩壊との間をどのように取り結べばいいのか、まったくわからないままに一九九〇年代の大学院時代を過ごしていたように思う。第5章「郊外空間の反転した世界――『空中庭園』と住空間の経験」を書くきっかけになった、『失われざる十年の記憶――一九九〇年代の社会学』（鈴木智之／西田善行編著、青弓社、二〇一二年）の編著者の一人である鈴木智之さんから、九〇年代論の企画の声をかけていただいたとき、ずっと棚上げにしていた九〇年代の社会について、私自身の空白の状態をどう言語化すればいいのか、手掛かりを探し、ベースになる表象作品をあらためて自分の経験を振り返りながら掘り起こすしかなかった。原稿を書くことで空白を埋めることができたというわけではないが、本書を編むことができたのは、『失われざる十年の記憶』で書く機会に恵まれたからである。

本書のなかでもう一つの基点になっているのは、第3章「囲われる空間のパラドックス」である。『空間管理社会――監視と自由のパラドックス』（新曜社、二〇〇六年）の編者である阿部潔さんと成実弘至さんから誘っていただいたことは、住宅と監視社会とを関係づける契機になった。住宅を切り口にすることは、院生時代から読んでいるピエール・ブルデューの『実践感覚1』（今村仁司／港道隆訳、みすず書房、一九八八年）、『実践感覚2』（今村仁司／福井憲彦／塚原史／港道隆訳、みすず書房、一九九〇年）や『資本主義のハビトゥス――アルジェリアの矛盾』（原山哲訳〔Bourdieu Library〕、藤原書店、一九九三年）から着想を得たものだったが、『空間管理社会』での執筆は、現代社会の文脈で住宅を論じる一つの着地点を見いだすことでもあった。

本書に収めた六編の論考は、社会のシステムの変容と物質的次元との問題をなんとか交差させようと試みたものである。大学院時代から二十数年もかけてしまったことに自分自身の怠惰さと生産性のなさを痛感せざるをえないが、二〇一一年の東日本大震災・原発事故や、二〇年から続いている新型コロナウイルスのエピデミックとパンデミックは、両者の問題について現在もなお深刻な状況を突き付けている。

ブルデューを読むなかで継続して問い続けているのも、近似した問題だといえるかもしれない。ブルデューの象徴権力論や象徴暴力論の問題構成のなかで、重要な概念である champ（界／場）がある。学問をはじめとした知的生産活動が成立する champ が、現実の社会と距離をとればとるほど、つまり、相対的自律性の度合いが高くなればなるほど、champ が社会に対して発揮する象徴権力は強固なものになる。社会学という学問もまたこの champ のなかで存立する以上、現実の「社会」を対象にしながらも自らの知が象徴権力を発揮するという自己矛盾を抱えることになる。この自己矛盾が社会学の存在理由といえばそのとおりなのだが、そういう反省的（reflexive）な自認の仕方もまた champ のなかでの象徴的な価値として機能する。おそらくブルデューは、自らが立っている社会学の champ を現実の生の社会に限りなく接近させることを、象徴権力をあからさまにすることを通しておこなおうとしていたのではないかと思う。

社会学的実践は、最終的には champ から降りることに帰結するのではないか、むしろ象徴権力や象徴暴力に対抗する場所に立つべきではないのか、という思いも本書をまとめるなかで強くしている。論文にすることを前提にせずに、宮城県の石巻市や長野県の木曾町、箕輪町といった地域に定期的に、ときには学生と一緒に通いながら、そこに住む友人たちと話をし、何かを一緒におこない、学問的な言説とは別のレイヤーで関係を作ることを継続している。社会の物質的なものとは、具象的にそこに存在し、営まれているものである。住宅や建築にこだわっている理由もそこにある。

私自身は出身地である長野県松本市を生活の拠点にするライフスタイルを十年以上続けているが、それは積極的に選び取ったというよりも、松本市、東京、地域との間で、行ったり来たりをしつづけるスタイルしかできないからである。

本書では、二〇〇〇年代に入って執筆した住宅や都市に関する小論を収録し、さらに三つの章を新たに書き加えた。それぞれの初出は以下のとおりである。所収にあたっては、初出の原稿に修正と加筆を施した。

序　章　「空間の不自由」を問うということ（書き下ろし）

第1章　新自由主義と空間の暴力——金融資本と空間の接合（「ネオリベラリズムと空間の暴力——金融資本と空間の接合」、田中義久編『触発する社会学——現代日本の社会関係』所収、法政大学出版局、二〇一〇年）

第2章　都市空間の変容のなかのオリンピック——再開発のなかの建築と空間（書き下ろし）

第3章　囲われる空間のパラドックス（「囲われる空間のパラドックス——分類化する社会」、阿部潔／成実弘至編『空間管理社会——監視と自由のパラドックス』所収、新曜社、二〇〇六年）

第4章　スマートシティと生政治——パブリック—プライベートの産業から住むことの統治に向けて（「スマートシティと生政治——パブリック-プライベートの産業からコミュナルな統治へむけて」、伊藤守編『コミュニケーション資本主義と〈コモン〉の探求——ポスト・ヒューマン時代のメディア論』所収、東京大学出版会、二〇一九年）

第5章　郊外空間の反転した世界――『空中庭園』と住空間の経験（「郊外空間の反転した世界――『空中庭園』と住空間の経験」、鈴木智之／西田善行編著『失われざる十年の記憶――一九九〇年代の社会学』所収、青弓社、二〇一二年）

終　章　新型コロナ禍と「ホーム」という場所――カフカ「巣穴」を読む（書き下ろし）

本書には所収しなかったが、塚田修一・西田善行編著『国道16号線スタディーズ――二〇〇〇年代の郊外とロードサイドを読む』（青弓社、二〇一八年）に寄せた拙論「死者が住まう風景――国道十六号線ともう一つの郊外」では、「霊園」という角度から郊外を論じている。生活のなかで住宅について考えることは、墓地について考えることを伴う。死（者）を受容する関係が私たちの生活には編み込まれているが、郊外は、もう一つの住まいでもある霊園として、死者を受容する空間にもなってきた。第5章と対になる小論である。本書の刊行とほぼ同じタイミングで増刷することになった『国道16号線スタディーズ』もぜひあわせて読んでいただきたい。

本書をまとめることができたのも、これまで数多くの先生方や研究者、友人に恵まれたからである。ここにすべての方の名前を記すことはできないが、感謝の言葉を申し上げたいと思う。

出来が悪い論文しか書けないにもかかわらず、研究する環境を作っていただいた指導教授の田中義久先生には、心から感謝を申し上げたい。論文集や調査研究に参加するなかで、田中先生は強制することを一切しなかった。そのかわりに、研究の水準を見極める先生の厳しい眼光の環境に身を置くことが、研究者のエートスやハビトゥスを身に付けていく階梯だったのだと、私自身が大学で教えるようになっていまさらながら実感している。

伊藤守さんと小林直毅さんという厳しい先輩との出会いがなければ、ここまで研究を継続することはできなかった。すでに研究者の道を歩まれていた二人からは、若輩の院生に対して研究のうえでも、それ以外でもアドバイス以上のことを示していただいた。伊藤さんには、田中先生の代講で卒論の指導を受け、大学院進学の背中を押していただいた。その後、何度も論文を書く場と、研究のアイデアや草稿をブラッシュアップする機会をいただいている。本書の第4章「スマートシティと生政治——パブリック―プライベートの産業から住むことの統治に向けて」は、そのなかの一つの小論である。

本書は、長い時間とともにある関係性に支えられるなかから生まれたものでもある。阿部潔さんとことあるごとに共有する議論の場は、阿部さんが東京大学の助手だったころから続いている。的確なアドバイスと刺激を受けるのはもちろんだが、それとともに、応答するコモンの関係が、パブリックなものの原型なのだということを身をもって教えていただいた。こういう関係性の場がなければ、研究だけでなく、社会の底が抜けてしまう。

私自身は、社会学研究の一方で、建築のプロジェクトに関わることがある。その最初の仕事が、長野県の箕輪町にある寺院、青雲山・澄心寺の庫裏の建設だった。住職の亀崎元展さんとの長い付き合いから生まれたプロジェクトである。寺院は、地域社会に佇む相互扶助と共同性のコモンの場所である。建築家の宮本佳明さんと進めた建築は、あらためてその可能性を探ることでもあった。

そして、亀崎住職は、アントナン・アルトーやジル・ドゥルーズ、ミシェル・フーコーの卓抜な読み手でもあり、草稿の最初の読者になっていただいている。澄心寺は、知的実践の空間を提供してくれる。

一冊の本にまとめることを青弓社の矢野未知生さんに相談してから三年以上がたってしまった。ひとえに私の遅筆と怠惰によるものである。にもかかわらず、本書の出版を引き受け、丁寧に原稿のチェックと指摘をいただいたことに、あらためて心から感謝を申し上げたい。

二〇二一年八月

佐幸信介

［著者略歴］
佐幸信介（さこう しんすけ）
1966年、長野県生まれ
日本大学法学部教授
専攻は社会学、メディア論、住宅社会論
共著に『国道16号線スタディーズ――二〇〇〇年代の郊外とロードサイドを読む』『失われざる十年の記憶――一九九〇年代の社会学』（ともに青弓社）、『コミュニケーション資本主義と〈コモン〉の探求――ポスト・ヒューマン時代のメディア論』（東京大学出版会）、『空間管理社会――監視と自由のパラドックス』（新曜社）など

空間《くうかん》と統治《とうち》の社会学《しゃかいがく》　住宅・郊外・ステイホーム

発行――2021年9月28日　第1刷
定価――2000円＋税
著者――佐幸信介
発行者――矢野恵二
発行所――株式会社青弓社
〒162-0801 東京都新宿区山吹町337
電話 03-3268-0381（代）
http://www.seikyusha.co.jp
印刷所――三松堂
製本所――三松堂

ISBN978-4-7872-3498-8　C0036